映画という《物体X》

フィルム・アーカイブの眼で見た映画

岡田秀則

カバー写真
「Nitrate Film」中馬 聰

L'animateur d'une cinémathèque est une espèce de
charmeur de serpents.
Un joueur de flûte de Hamelin. C'est très dur...

Henri Langlois

シネマテークの運営者とは一種の蛇使いだ。
ハーメルンの笛吹きだ。つらいね…。

アンリ・ラングロワ

目次

はじめに　生まれたからには、すべて映画は映画――6

第1章
なぜ映画を守るのか――13
すべての映画は平等である――14
「映画を守ろう」と言ったのは誰？――22
日本では映画は保存しないようです、とアラン・レネは言った――29
映画が危険物だったころ――37
地域映像アーカイブの可能性――50
映画は牛からできている――55
映画館を知らない映画たち――60
〝私たち〟の映画保存に向かって　対談：石原香絵――78

第2章
フィルム・アーカイブの眼――93
映画は密航する――94
映画は二度生まれる――99

観たことのない映画に惚れた話――107
いまなぜ映画館が必要なのか――112
ジョナス・メカスの映画保存所に行った――117
寝た映画を起こそう――125
映画を分かち合うために――130
私のシネマテーク修業日記　ノンフィルムの巻――136

第3章

映画保存の周辺――189
小さな画面、大きな画面――190
ある映画館の100年――ノスタルジーを超えて――200
我らが「紙の映画」――チラシとパンフレット礼讃――208
映画はなくても映画史は立ち上がる――221
3D映画、敗北の歴史――231
シネマテークの淫靡さをめぐって　対談：蓮實重彥――236
あとがき――252

はじめに　生まれたからには、すべて映画は映画

映画には「魔」が潜んでいる

映画は、もう120年もずっと作り続けられてきた。120年というのも大変な数字だが、それだけの間、切れ目なく誰かが映画作りに携わり、ノンストップで映画を増やし続けてきたという事実がもっとすごい。日本の場合も、あの1945年8月15日の敗戦日でさえ、映画業界は新作の試写をしていたという記録が残っている。その日から一週間、全国の映画館は休館したが、その後再び映写機にはフィルムがかかり、以降今日まで新しい映画を見せるという行為がストップした日は一日もない。

自分の観る映画がすべて素晴らしい作品だったら、そんなにいいことはないだろう。だが実際には、そうではない映画はたくさんある。中にはいいところを探したくなる映画もあるが、あまり期待をしてはいけない。そのことは誰もが痛いほど知っている。だが、それでいいのだ。良いのか悪いのか見当もつかない映画こそ気になるし、つまらなくても観たい映画

は必ずある。時には愚痴も言いたくなるけれど……繰り返すが、それはそれでいい。だが本当にいつも心を乱されるのは、どんな新作映画でも、終わりには長々とクレジットタイトルが流れ、この映画に関わった人の名前がずらりと並ぶことだ。多くの真面目なニホンの観客と同じく、私はこれを、それなりの集中力を持って見つめる。

恐ろしいことだ。落胆させられた映画にも、これだけの数の人間が関わっている。つまらない映画を作りたいと思う人はいない。現場の誰もが、この映画を面白いものにしようと精魂を傾けたはずだ。それでも映画は、全員がベストを尽くしたからといって必ず良い方向に進むとは限らない。絵画や写真なら、作家本人の責任だけで済むが、映画はそうはゆかない。あまりに多くの人を巻き込んでしまう。その意味で映画というのは、実に不思議な創作物ではないか。

それなのに、毎年こんなに多くの映画が作られている。例えば現在の日本映画だけを考えても、ひとりの人間が鑑賞にかけられる時間を考えれば、年間に公開される500本以上といった日本映画の数は絶望的に多い。私はそんな由無し事を、学生の頃から、時に寒々しい入りの劇場の椅子に腰掛けながらずっと考えてきた（私の学生時代は250本程度に減っていたようだが、それにしてもだ）。このことは、映画会社が収益を挙げたいからという理由だけではもはや説明ができない。いつしか、映画には、いつまでも人間に生産を続けさせてしまう、人知を超えた「魔」のようなものが存在するのだと思うようになった。だが、映画を作るわけでもなく、論じるわけでもなく、うら寂しい映画館の出口でこんなことを考えてしまう人間は、どうやって映画と付き合ってゆけばいいのだろう？　縁を切るには映画はあまりに名残惜しく、その間にも、何やら魅力的に響く映画公開情報は途切れることなく流れ込んでくる。

映画を「良い／悪い」から解放する

この無数の映画を、つまらないままでもいいから救う方法はないものだろうか。どんな映画も、一度この世に生まれ出たからには、映画としての誇りを持つべきだろう。予算の大小も、ジャンルの違いも、スターが出演しているかどうかも、絶えず世の注目を浴び続ける小津安二郎作品も、概ねおじさんたちの短期記憶に終わっただろう成人映画も関係ない。時に神聖であったり、下品であったりするが、映画はいつも私たちの近くにある。

20年近く前、私が東京国立近代美術館フィルムセンターという場所に職を得て、神奈川県相模原市にあるフィルムの保存庫を初めて見た時、それまで漠然と抱いてきたそんな想念が、一本の光る鍵を得たような気がした。実際、小津映画とピンク映画のフィルムが、同じフロアで、同じ温湿度環境の中で健やかな眠りについているではないか。作られたからには、すべては同じ条件で扱われる。これは素敵な光景だ。それまで、映画を語るとは「選ぶ」ことだと教えられてきた。あらゆる批評は「良い映画」と「悪い映画」を区別せざるを得ない。

もちろんそれぞれの批評家によって言うことは違うけれども、とにかく選ぶことは避けられない。しかしアーカイブは映画を選ばない。そもそも「良いものも、良くないものも」という考え方自体が、私たちが知らず知らず身につけてしまった呪縛なのだ。

他にも、この場所で、眼前に広がっているあらゆることが私の目の鱗を落としていった。日々私の前を、新たに到着した映画フィルムが右から左へ通り過ぎてゆく。新規に発注したピカピカのニュープリントもあれば、劣化し損傷だらけの寄贈フィルムもあるが、それらはすべて状態チェックや内容調査、そこで得られた情報のデータベース入力を経て保存庫に収められ、未来のアクセスのための準備を整える。その過程では、映画フィルムの形状をめぐる考古学的な知見が、その知見と映画史との絡まり合いが、現像所でなされる技術的プロセスと日々のスクリーン体験の結びつきが、映画配給・興行のシステムがもたらす映画流通の変遷が、映画の思わぬ国際的な交通の痕跡が、そしてこれまで記されてきた映画史の中の無数の欠落や落とし穴まで、何げない日常業務の中から次々と流れ出てくる。なぜこんな個人宅の蔵の中からこの映画が出てきたのか？　映画史のどの本にも記されていないこの映画は一体何ものなのか？　それら映画フィルムと、フィルムをめぐるコンテクストの総体からにじみ出てくるのは、私たちのこれまでの映画への視線を裏切ってしまうほどの豊饒な言葉の連なりであり、言うまでもないが、その一本一本に当時の人間の思惑と労働が凝縮されているという事実だ。

この時、映画は「良い」や「つまらない」から解放されるのだと悟った。同じく円盤状に巻かれたプラスチックの帯として、すべての映画は無言の連帯を始める。そして、こうした事象への好奇心を難なく容れてくれる、このフィルム・アーカイブなる組織は、自分にとても適した場所に思われたのである。

保存は〝アクティブ〟

本は読み過ぎるとぼろぼろになる。映画も人に見せすぎると傷んでしまう。いつまでも人々が映画を楽しめるようにするには、映画保存と呼ばれるそれなりの複雑な仕事がある。それを行う場所がフィルム・アーカイブであり、そこで働く人間をフィルム・アーキビストという。

自分のプロフィールに「フィルム・アーキビスト」と記すようになったのは、ごく最近のことである。それまでは、何を持ってそう自称できるのかが分からなかった。今でもそう書く時はどきどきする。何しろ、日本で映画のアーカイビングを学べる教育機関はどこにもなく、理論的にも実践的にも、そのイロハを知っているという自信がない。学ぶ場所がないから、いざそういう組織に勤務することになってから、初めて考え始めることになる。日々直面する課題を前にして試行錯誤をする、その過程をつなぎ合わせた、あまり理路整然としていない過程の中でしか、私はフィルム・アーカイブの像を結ぶことができない。

だが、それでいいのだ、といつしか思うようになった。これまで、ヨーロッパ諸国やアメリカ、キューバ、東南アジア諸国など様々な国の映画保存機関を訪ねる機会があったが、欧米の先進的な映画アーカイブも、担当者のレベルでは案外私たちと似通ったことで悩んでいるらしいことが分かったからだ。保存環境も各国ばらばらだ。フィルムが融けそうな暑い国も、凍ってしまいそうな寒い国もある。映画産業の大きい国も小さい国もあるし、公的支援の手厚いところもそうでないところもあるから、仕事の規模もまちまちだ。だから世界のどこであっても、自分たちなりのフィルム・アーカイブ像を模索してゆくしかない。

また、アーカイブという考え方は、映画の言葉をより面白くする可能性も秘めていると思っている。映画をめぐる言葉の楽しさや刺激は、「作る」ことと「観る」ことの外側にも広がっている。関心さえあれば誰にでも届く言葉を連ねること、そのためにフィルム・アーカイブのできることは少なくない。館内での上映事業を担当した頃にはっきり理解したのは、評価の定まっている傑作群を上映する企画が、必ずしもいちばん充実を感じられる企画ではないということだ。映画のアーキビストは、自分の知っていることやできることの限界を見据えながらも、むしろ自分の知らない映画、自分がまだ理解していない事象のために仕事をするべきだと思う。集まってくるフィルムや資料と対峙しながら、未知の領域に向かって歩を進めること。そしてそれを、伝える側と伝えられる側で同時に共有すること。その唯物的な実践が、映画アーカイビングという仕事の歓びだと考えている。

もちろんこうした認識は、私とて自力で見つけ出したものではない。逆に、何も知らなかった半端な映画ファンが、この環境に放り込まれたことで否応なく身につけていったものだ。だから私は、フィルムに囲まれたこの環境に今も感謝しているが、それでも長年この仕事を続けているとそんな新鮮な気分が摩耗してしまうこともある。その時、映画の復元や発掘など、フィルム・アーカイブや映画保存関係者の業績が近年様々なメディアで取り上げられ、評価され始めたことは大きな励みになる。フィルム・アーカイブは、他の分野の資料館や博物館などと同じく、世の中にとって「何やら特別な専門家たちの仕事」であってはいけないと思う。それに関心を寄せてくれる社会とのキャッチボールによって育まれなければならない。

「保存」という大人しげな言葉に惑わされてはいけない。フィルム・アーカイブの仕事は受動的なものではない。「映画を開く」場所としてのアーカイブ、その魅力を少しでも知っていただきたいと思っている。

第1章

なぜ映画を守るのか

すべての映画は平等である

「映画の保存所に勤めています」と話しても、大抵の人は面食らうだけである。カタカナの「アーカイブ」という語に切り替えても、それほど事情は変わらない。かえってクエスチョンマークを増やしてしまったりもする。とにかく、その存在がなかなか思いつかない職業のはずだ。自分自身もかつてはそうだった。だから出身地に帰省しても、親戚にいまだうまく説明ができない。映画作りに携わっているわけでもなく、評論家でもない。たまにテレビや雑誌に出たりして、ようやく「まあ、とにかく何か仕事をしてるのね」と言われるのが関の山。職場の名前「東京国立近代美術館フィルムセンター」も、もう慣れてしまったけれど、やはり長いし、奇妙な印象を与えているかも知れない。1970年に美術館の映画部門として創設されてからも長い間、事業の中心は映画文化の普及、つまりは上映活動であった。しかし後で述べる通り、この国に映画の保存活動を行う国立機関が実質的になかったことから、美術館という組織の中にありながらフィルムセンターがこの任務を引き受けることになった。この複雑な歴史的コンテクストも、これまで幾度となく説明をしてきた。

だがこうした組織の肩書きとは関係なく、現場には有無を言わせぬ現実がある。日々莫大な数のフィルムが、シナリオが、宣伝資料が、映画ポスターが寄贈されてくるし、予算で購入するフィルムも図書もある。すでにフィルムは8万本に近く、ポスターは5万7000点を超え、公開図書も4万5000点近くになった。これらを収集し、半永久的に保存し（半永久っていつまでなんだろう……）、それをデータベースに登録して検索できるようにし、さまざまな回路で公開するという責務。とりわけデジタル時代に入って、フィルム遺産の保存はますます盛んに議論の的となっている。長年、消極的な慣習となってきた映画業界内での保存が限界に来ていることから、フィルムの寄贈は加速度的に増えている。この「加速度」という言葉はレトリックではない。かなりリアルな感覚である。

映画のゴールキーパー

フィルムセンターの事業を説明する際に、しばしば不遜にも「国立国会図書館の映画版」という言い方をしてしまう。この言い回しには、最終保存所であるという含意、つまり貸出ではなく保存に重きを置いたアーカイブであるという含みがある。実は、法的には国立国会図書館法の第24条が映画フィルムの国立国会図書館への納入を定めているのだが、その附則

東京・京橋にある東京国立近代美術館フィルムセンター。上映施設として大ホール、小ホールを備え、展示室、図書室もある

相模原分館の保存庫には８万本近いフィルムが保存されている

神奈川県相模原市に1986年にオープンしたフィルムセンター相模原分館

によって、「当分の間」その納入を免ずるという状態が現在まで続いている。よって、わが先達たちの慧眼により、フィルムセンターが実質的に保存事業を引き受けた経緯がある。ジャンルを問わない網羅的な映画収集が基本方針だが、とにかく小さな組織であり、現場の処理能力がなかなか追いつかないのも実状だ。それでも、世紀をまたいだあたりから、映画の保存やアーカイブといった言葉が徐々に世の中で使われるようになったことも実感している。すでに、1980年代から1990年代にかけて地方自治体が、広島市映像文化ライブラリー、京都文化博物館、川崎市市民ミュージアム、福岡市総合図書館といった、しばしば博物館や図書館といった機関の事業の延長として映画のアーカイブを設立している。2005年にはNPO法人映画保存協会が設立され、フィルムセンターのような国立規模だけではない、個人レベル、グループレベルの動きもフォローした柔軟な事業が展開されるようになってきた。2007年には「プラネット映画資料図書館」の名で知られてきた安井喜雄氏の一大コレクションをベースに神戸映画資料館が開館、さらに2010年前後には日本各地で地元出身の映画人を顕彰する映画資料館がオープンするなど、映画のアーカイブという未知の事業が、深さ広がりともに拡大していることは間違いがない。公的な文化事業予算の削減が報じられる中、それでもこれだけの多様な動きがあることは、フィルム・アーカイブ的な思考のかたちが徐々に日本に根づいていることを教えてくれる。

さらに近年は、映画のアーカイビングに関わりたいという若い人に出会うこともある。だが、いま書いたような展開はあるにせよ、全国的に見ても事業の規模は小さいから、真っ直ぐに喜んでもらえる答えができたことはない。驚いたことに「映画アーキビストって、どんなタイプの人が向いているんでしょう」という質問を受けたこともある。自分自身向いているかどうか不明なので回答はどうやっても苦しくなるのだが、私はしばしばこう答えている。「映画の中身を語らなくても、映画のことを延々と話し続けられる人です」。これもまた仕事から出てくる実感だ。トラックで運ばれてきた、大量のフィルムの一つ一つの中身について語ることはまず無理だし、大して意味がない。だが、これらの映画を今からどうするのか、どうやって世の中に還元してゆくのか、そこを徹底して議論し、実務を築き上げてゆかねばならない。それを楽しいと思うことができれば、もう「アーカイブの人」なのだ。

当然のことだが、フィルムの内容によって世の中の求め方は違う。人が〝映画〟に対して思うことがバラバラであることも、日々思い知らされる。シネマコンプレックスの大スクリーンで日常の娯楽として消費されるメインストリーム映画もあれば、熱心な少数の観客によって審美的に受け取られる実験映画もある。一方で、1970年代まで盛んに作られ、劇映画の前座を守り続けてきたニュース映画は、すでに歴史資料としての地位も獲得している。それらをすべて同じプラットフォームの上に置くことから、フィルム・アーキビストの思考は始まる。果たして自分は、どんなボールでも受け止められる理想のゴールキーパーになれるだろうか。

田中小実昌の教え

恐らく映画のアーキビストに必須なのは、すでに存在する映画の奥底へダイブすること以上に、いまだ見たことのない映画を受け入れられる感性ではないだろうか。さらにやや大げさに言えば、「世界のすべての映画」という概念を頭の中に思い描こうとする感性と言えるかも知れない。例えば図書館司書は、個人としていくら読書家であっても、あらゆる本を読むことはできないし、その気も必要ない。しかし司書という人々は、世界のどんな本がやってきても、それを分類し、書棚に正しく並べ、それを求める来館者に見せることができる。それと同じで、映画のアーキビストも、一生見ることのない映画、時にはその存在を一生知ることのない映画のことも頭の隅に置くことができる。そしてその想像力こそが、フィルム・アーカイブという仕事に一抹の艶めかしさを与えているように思われる。

ちょっと話は変わるが、面白くない映画を我慢して見ることで人間は深みを増す、と書いたのは作家の田中小実昌である。映画鑑賞はとかく時間を食うが、人生は一度しかない。金を払ってつまらない映画を観ることは、できれば避けたい。もし映画が、食堂のようにサービスの後にお金を支払う場所だったとしたら、金銭授受をめぐるトラブルは格段に増えることだろう。自分の場合、貧乏性のせいか、途中で席を立つことは滅多にない。先に払ったからには、一応最後まで観たいとは思う。それで人間的に成長できたら、そんなに有り難いことはないが……。しかしこの言葉の持つ含蓄はもっと深いようだ。むしろ「すべての映画を見ることはできない」という厳然たる事実におののいた人間だけが口にできる、特別なセリフなのかも知れない。それは、クォリティを云々するまでもなく大量の映画がこの世に生まれ出ていること、そして、それが映画の本質であるという諦念を歓びとともに受け入れること、を意味するのではないか。時に驚くほど即物的な思考をめぐらす田中小実昌のことだから、ひょっとすると彼の頭の中には、人を途方に暮れさせる「すべての映画」という観念が渦巻いていたのかも知れないと思う。

私は、つまらない映画とつまらなくない映画をフラットに捉えることのできる、こういう映画の観客に親近感を覚える。フィルム・アーカイブの恐ろしいところは、人が「すべての映画」を観ることができないのに、「すべての映画」という概念を具体的に考えなければならないことにある。これが書物の話であったら、奇書「バベルの図書館」をものしたホルヘ・ルイス・ボルヘスでもない限り、人はすぐにこれを諦めてしまうだろう。本屋で、図書館で、人は頭をかきながら「すべての書物」をめぐる思考から退いてゆく。だが暗闇の中で人知れず消費されてゆく映画は、ときに「本の虫」以上に世の中から理解されにくいマニアを生み出してしまうように、どこかで、すべて観てしまいたいという暴力的な欲望と幻想を人に与えてしまう。

恐らく映画は、この一世紀余りの間に醸成されてきた〝映画〟という形式を持っていることが、すでに面白いのだ。当たり前のことだが、デジタル映画の到来までは、どんな映画も、リールとして巻き付けられたプラスチックの帯だ。フィルムとして並べるとまったく同じ姿をしている。だから、どれも可愛い。誤解されては困るのだが、「つまらない映画だって可愛いじゃないか」といった情緒を説いているのではない。面白かろうが、つまらなかろうが、どちらも〝映画〟であるからには絶対的に可愛いのだ。

曰く、「すべての映画は平等である」。映画のアーカイブで働く人間が時々意識するだろうこの言葉は、声を張り上げて言う「スローガン」ではない。むしろ、大量のフィルムを受け取って、うず高く積み上げられたリールを日常的に目にする人間が率直に発する声なき肉声である。フィルムが積まれた場所には、やや殺伐とした空気や、非日常的な光景だけにやや神秘的な気分も漂っている。だが、その先にもう一つの愛情を感じられる瞬間がふと訪れる。つまりこの時、一つ一つの映画が面白いというより、〝映画〟と名づけられたこの体系全体に愛着を感じている。そこでようやく、私は映画アーキビストの仲間入りができたような気がしたのだ。

「映画を守ろう」と言ったのは誰？

ジャン＝リュック・ゴダールの『軽蔑』（1963年）の中で、アメリカの映画プロデューサーに扮したジャック・パランスがチネチッタ・スタジオの試写室で激怒するシーンがある。こんな映画が商売になるか！　と。そのスクリーンの下には、こともあろうに「映画は未来のない発明である」と堂々とイタリア語で書かれている。この言葉は、発明したばかりのシネマトグラフを買い取ろうとした後の映画芸術の開拓者ジョルジュ・メリエスに向かって、映画の発明者ルイ・リュミエールが語ったもの（もちろんフランス語で）としてやや伝説的に知られている。『軽蔑』では一応アイロニーのつもりだろうが、このパランスの乱心ぶりを見ていると、もはや皮肉にもなっていないようだ。もともとこのリュミエールの言葉には、次のような含意があったらしい。〝メリエス君、シネマトグラフなんて一時の流行に過ぎないから、買っても破産するだけだよ、君のために言っているんだ、やめておきなさい〟。つまり「この映画は儲からない」どころか「映画というものは儲からない」というのだから、この頃リュミエールは、必ずしも映画を金づると見なしていたわけではないらしい。

だが、実のところ、リュミエールが本当は何を言いたかったのかはよく分からない。その頃、彼もようやく映画の事業を動かし始めたばかりだったのだ。何かの確信があったというより、この海のものとも山のものともつかぬ新発明の将来展望がはっきり見えず、戸惑っていたのではないだろうか。そんな段階で、あっさり人に任せていいはずがない。

映画は「歴史の新しい源」

そんな映画を、いったい誰が保存しようと言い始めたのだろうか。実際、映画の保存所が初めてアメリカやヨーロッパで生まれたのは、ようやく1920年代から1930年代にかけてである。それは美術館の新しい部門だったり一個人のコレクションだったり、バックラウンドも組織形態もばらばらだったが、いずれにしても映画の保存事業が現実化するには1895年の発明からかなり長い時間がかかっている。その間に失われてしまった初期の映画は、数えるのが怖ろしくなるほど膨大だろう。だがそのアイデアが生まれたのは、驚くほど早い段階だったことが今では知られている。

19世紀末のパリに、ボレスワフ(ボレスラス)・マトゥシェフスキというポーランド生まれの写真家がいた。近年までほとんど忘却の彼方にあった人だが、映画を保存する機関としてのフィルム・アーカイブを理念的に案出した人物として現在は一定の再評価がなされている。彼が書いた、たった12ページの冊子の題名は「歴史の新しい源」(Une nouvelle source de l'histoire) という。「歴史的映画の保存所の創設」という副題がついているが、この冊子は新聞社などに送られたらしく、生まれたばかりの映画にだって保存施設が必要だというこのアイデアを紙面で取り上げるよう、丁寧な依頼文が冒頭に添えられている。

これが出版されたのは1898年の3月である。リュミエール兄弟が初めて一般上映をパリの「グラン・カフェ」で行ったのが1895年の12月だから、出版はその2年あまり後のことに過ぎない。その頃リュミエール兄弟は、撮影機兼映写機でもあったシネマトグラフの操作ができる従業員を養成し、彼らを世界のあちこちに派遣して撮影させるという新事業を展開しながら、「映画にできること」をひたすら拡張しようとしていた。1897年から1899年にかけて日本にもコンスタン・ジレルとガブリエル・ヴェールという撮影者がやってきて、人々の暮らしや習慣、風景などを収めた33本の短い映像を残している。つまり、この「未来なき発明」をどのように使うべきか、リュミエールは試行錯誤のど真ん中にあったのだ。マトゥシェフスキが、現在のフィルム・アーカイブの祖形を提案したのはそんな不安定な環境の中だった。映画が生まれたのは商業的な利益のためだけでも、人々の気晴らしのためだけでもない。彼は、映画を歴史文書としてシステマティックに管理する保存所を創設すべきである、と虚空に向かって(かどうかは分からないが)訴えた。

BOLESLAS MATUSZEWSKI

Une Nouvelle
Source de l'Histoire

(CRÉATION D'UN DÉPOT
DE CINÉMATOGRAPHIE HISTORIQUE)

DÉPOT LÉGAL

Paris, mars 1898

「歴史の新しい源」(2006年の復刻版より)

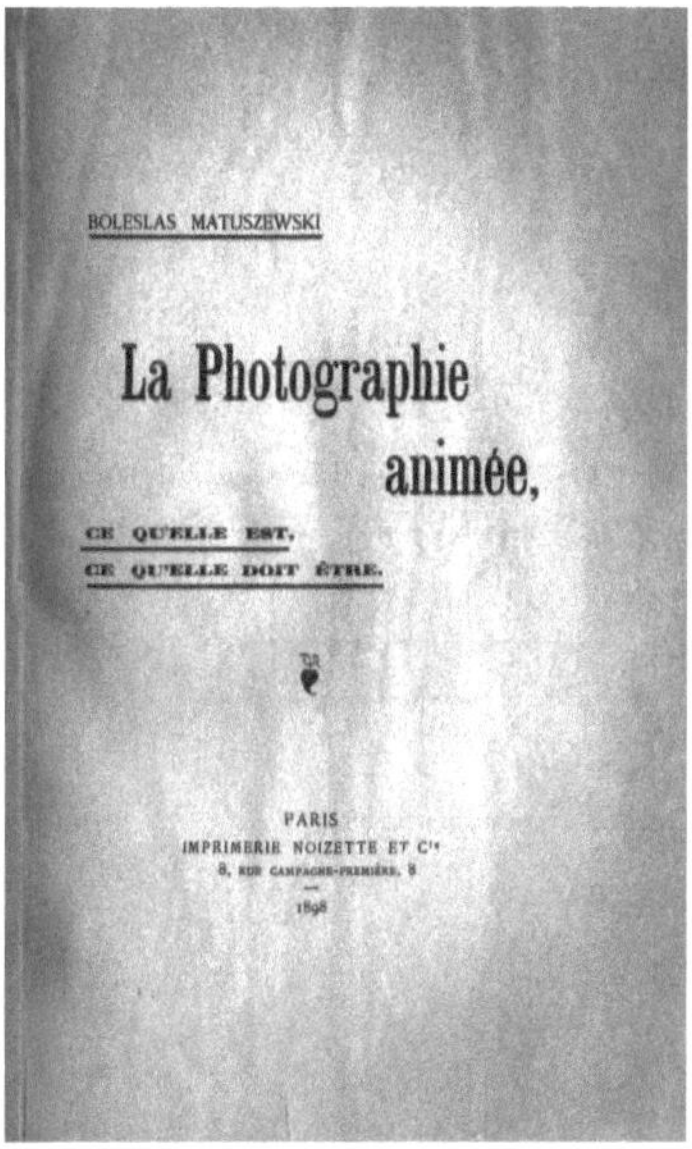

BOLESLAS MATUSZEWSKI

La Photographie
animée,

CE QU'ELLE EST,
CE QU'ELLE DOIT ÊTRE.

PARIS
IMPRIMERIE NOIZETTE ET Cie
8, RUE CAMPAGNE-PREMIÈRE, 8
1898

「動く写真」(2006年の復刻版より)

だがマトゥシェフスキは、そんな小さなパンフレットを書いたことで満足してはいなかった。同じ年の8月から10月にかけて、マトゥシェフスキはもう一つの著書「動く写真」(La Photographie animée)を執筆している。こちらは「歴史の新しい源」よりもずっと厚く、注釈を含めると88ページある。そこで展開されているのは、映画はさまざまな目的に利用できる可能性がある、という確信に満ちた提案の数々だ。彼曰く、産業界は、開発したマシンがどのように動くかを伝える手段として、また労働者や職人に効率的な仕事の方法を伝えるために映画を役立てることができる。もちろん農業や漁業の技術指導にも援用できるだろう。医学の立場からは、外科手術を映画で記録することで、医療技術の進歩にも貢献できる。また神経症の症状などは、文字で説明するより「動く写真」に捉えることがいちばんだ。軍も兵士の教育に映画を導入するべきだし、芸術の発展にも有用だ。オーケストラ指揮者のタクトの動きを記録しておけば、なぜ同じ音楽が指揮者によってここまで違う表情を持つことができるのかが分かる(当時の映画はまだ無声だったのに!)。ダンスやパントマイムも、動きの記録が大切だろう。家族の生活記録だって、これからは映画を用いる時代になる。そして、それぞれの分野において撮られた「動く写真」を蓄積し、活用できるようにしなければならないと訴えて、この冊子は終わる。読み進めているとよく分かるが、ここでのマトゥシェフスキの筆の運びは前著にも増して生き生きとしている。

とにかく、現代の私たちが「産業映画」とか「医学映画」とか「ホームムービー」とか呼んでいるジャンルは19世紀の末にすでに想定されていたのだ(指揮者の動作記録がなされたとはついぞ聞かないが)。世の中からは忘れられたかも知れないが、彼の提言は最終的にはおおね実現されたと言っていい。それにしても、映画自体がまだ自らの運命に対して戸惑っている時代に、マトゥシェフスキの無邪気なまでの映画への期待と信頼は、どこか心を打つものがある。

アルベール・カーンの明晰

そして20世紀初頭には、ユダヤ系フランス人の銀行家アルベール・カーンが、自分の富の活用法として映画というメディアに接触した。富豪となったカーンは、映画と、リュミエール兄弟のもう一つの偉大な発明であるカラー写真技術「オートクローム」(三原色に染めた澱粉の細粒をガラス板上に撒布して感光させる方式で、世界で初めて実用されたカラー写真)を用いて、部下たちに旅をさせ、世界各地の映像を集めさせた。その事業「地球映像資料館」(Archive de la Planète)を始めた1909年といえば、映画がまだ産業の体をなしていなかった頃だ。その後第一次世界大戦期から1920年代にかけて映画は急速に娯楽産業として発達してゆくが、カーンはそんな動きとは無関係に自分のオリジナルな映画の使い道を守った。先達であるリュミエール兄弟が世界にカメラマンを派遣したことが、撮影映像を有料上映会で見せるという商業的な意図を一応持っていたのに対して(もっとも現代では彼ら自身にも想像できなかった巨大な歴史的価値を持つが）、カーンの場合は、映像を集めること自体の意義を認識しており、それらを世の中に公開してゆくことで、異文化の相互理解、ひいては世界の平和を実現できると真剣に考えていた。映画と写真による世界平和！　その壮大なヴィジョンを前に、一世紀後の人間が、牧歌的な時代の産物だと切り捨てることは許されないだろう。現代では、カーンがプロデュースした映画と写真は、民族誌資料としても高い価値を認められている。「地球映像資料館」は、現代の人間がようやく知るようになったフィルム・アーカイブをまだ誰も案出していなかった頃に、それを独力で構想し、構築してしまった稀有な例だ。その理想主義は、ディドロやダランベールら18世紀の啓蒙思想家たちが築き上げた百科全書的な思考がなかったら成立しなかっただろうし、何よりもマトゥシェフスキの蒔いた種が、偶然とはいえ実ったものだろう。第一次世界大戦の最前線の映像や、インドやアイルランドや日本の街角を捉えたカラー写真を膨大に抱えたカーンのコレクションには、のちの「シネマテーク」や「映画博物館」には見られない、コレクションの純粋な屹立を見ることができる。

片方に、とりあえず未来はないと言い切ってみたリュミエール兄弟がいる。もう片方に、見えないはずの未来を饒舌に語ろうとしたマトゥシェフスキがいる。その二つの発想はあまりに対照的だ。しかし、〝映画〟と〝映画保存〟がほぼ同時に生まれたことという事実を、私たちは喜んで受け入れるべきだろう。

日本では映画は保存しないようです、とアラン・レネは言った

エマニュエル・リヴァの写真集「HIROSHIMA 1958」(2008年、インスクリプト刊)に魅入られた。マルグリット・デュラスの原作を映画化した『二十四時間の情事』(1959年)の撮影のために来日したフランス女優が、まるで「君は広島で何も見なかった」という男の台詞に抗するかのように、撮影前の空白の日々を使って日本製の(!)カメラで撮っていた広島の街並みと人々。それが1958年という、被爆都市の復興の完成とその後の発展期の境界をなす時の風景であったことは、写真ページに続く港千尋の文を読めばよく分かる。だがこの書物の価値は、どうやら「写真集」という言葉では収まりがつかないようだ。むしろこの本は、『ヒロシマ・モナムール』=『二十四時間の情事』という複雑な背景を抱えた一本の映画の生成を重層的にたどる試みである(最近は原作に敬意を表して『ヒロシマ・モナムール』と記されがちだが、私は公開題を神聖だと思っている。もっとも企画段階では正直に『ヒロシマ、わが愛』

の予定だったというが）。

この本にはリヴァ撮影の写真だけでなく様々なテクストも収められているが、中でも滞日中の監督アラン・レネが原作者のデュラスに宛てた１９５８年８月３日の手紙が素晴らしい。日々の見聞の中から日本という国を発見しつつ、主演男優を検討し、８月６日の行事や「川辺のカフェ」などのシーンをどう撮るかについての考えをデュラスに伝えている。それによれば、主演男優はもともと岡田英次ではなく、なんと森美樹や芥川比呂志という案もあったという。その後夭折してしまう美男子森美樹は、写真で見ただけとはいえどうやらデュラス

HIROSHIMA 1958

のお気に入りだったようだ。芥川は著名な小説家の子息として紹介されていた。あまり考えてはいけないのだろうが、「もしもの映画史」が私の脳裏をしきりにかすめる。フィルムの背後に隠れた、こうした資料に触れることの快楽は、例えばそういうところにある。

それにしても、エイジ・オカダがどんな演技をするのか知りたがったレネが、彼の過去の出演作を観ようとしたのに出会うことができず、「日本では、映画フィルムを保存することはしないようです。だから昔の映画を上映するのはとても難しいのです」とデュラスに書いていたことには、半分吹き出し、半分恥ずかしくなってしまった。今ならば、彼の出演作である『また逢う日まで』(1950年)も、『おかあさん』(1952年)も、『ここに泉あり』(1955年)だって観ることはそれほど難しくはない。だが、そうした環境は決して一朝一夕にできたものではなかったのだ。このことから、おぼろげながら、当時の映画の上映素材をめぐる状況が分かってくる。都会の封切館から地方の小さな劇場《こや》まで、すべての上映を終えたフィルムは、横流しに遭わないように配給会社の倉庫に戻され、責任を持って廃棄《ジャンク》されることになっている。そこまでは仕方ないとしても、倉庫に戻ったフィルムを、配給会社がその後簡単に出したりする習慣もなかったのだ。だから、レネやその協力者は、岡田英次の出た映画をまだ上映している劇場を必死で探して、どうにか観ることができたらしい。このくだりを読みながら「すみません、その頃日本にはまだアーカイブがなかったんです!」と私は心中で叫んだ。

日本の映画保存、夜明け前

１９５８年といえば、日本は、まだ世界のどのような機関がどのように映画を保存しているのかをやっと学び始めた頃だった。欧米では、戦前の１９３８年に設立された国際フィルム・アーカイブ連盟（ＦＩＡＦ）に各国の映画機関が加入し、目覚ましい発展を見せた頃である。「日本は」と書いたが、実際はほぼ一人の奮闘であったようだ。夫の川喜多長政とともに東和映画を率いた川喜多かしこという外国映画輸入の大立者が、その本来の仕事に負けない熱意で、監督牛原虚彦などの映画人を連れてＦＩＡＦの会議に出席し、一途に情報と人脈を獲得していたという段階である。日本の映画業界がフィルム・アーカイビングという事業の存在意義を知るのは、その後、映画界きっての国際派である彼女の熱心な訴えを聞いてからのことになる。

しかし彼女は、「フィルム・アーカイブ」という語も、「シネマテーク」というフランス語起源の言葉も、まだ日本に外来語として根付かせるには早いと考えていたふしがある。そこで彼女がどうにか案出したのが「フィルム・ライブラリー」という語だ。だがこの和製カタカナ語に、１９６０年に「フィルム・ライブラリー助成協議会」を設立した彼女自身が必ずしも満足していなかったことは自筆のエッセイからも分かる。それでもこの言葉は、その後にわかにひとり歩きを始めた。

やや余談めくが、パトリック・モディアノの小説「さびしい宝石」を読んでいたら、驚かされる一節があった。一時は女優だったともいう亡母の姿を追い求める主人公が、母の出演する映画を観に「フィルム・ライブラリー」へ行くというくだりだ。フランスに、そんな名前の施設はない。原文に当たってみたら、この語はやはり"cinémathèque"であった。2001年に邦訳が刊行されたフランスの小説であれば、"cinémathèque"はそのまま「シネマテーク」と訳されようものだ。そこを「フィルム・ライブラリー」としてしまったのは、当時日本で出ていた仏和辞典にそう書かれていたからに他ならない（例えば大修館書店の「新スタンダード仏和辞典」が典型的だ）。川喜多かしこの影響力は、かくも彼女の手の届かない場所まで広がってしまったのだ。そんな日本で、「アーカイブ」という言葉が、もちろん映画の外側からだが、市民権を獲得し始めるのはやっと1990年代のことである。

アーカイブを名乗るまで

だから1970年に開館したフィルムセンターは、映画のアーカイブである前に、かなり純粋な文化普及機関、つまり国立の映画上映施設としてスタートした。それは、「見せる場所」である美術館に属する組織としては自然なことでもあったし、煎じつめれば国民の要求でもあった。しかし上映すればフィルムは傷む、何とかしなくてはいけない、それをやるのは結局フィルムセンター以外にない。そして、本格的に映画保存の仕事に取りかかり始めたのは

１９８０年代のことである。ヨーロッパのいくつかの国では、国家がどんどん援助して映画を作り、フィルムの保存がそのシステムに組み込まれている所もある。ところが、日本の戦後映画は徹底した自由市場で、国の出る幕はほぼゼロに近かったといえる。だからまずは、観ることも簡単にはできなかった過去の名作映画を見せること、つまり「国立名画劇場」としての充実にしか発展への突破口はなかったのだ。

１９８４年9月3日、フィルムセンターが外国映画フィルムの一部を失った火災は、今でも語り継がれ、ＦＩＡＦが２００２年に発行した大著"This Film is Dangerous - A Celebration of Nitrate Film"（このフィルムは危険だ―ナイトレート・フィルムを祝う）でも、世界各国の映画火災の歴史を一望できる年表の一項目を成している。神奈川県相模原市に計画が進められていた、日本初の映画フィルム専門保存庫の建設を控えてのこの火災は、最終的には映画保存の重要性をめぐる世論を高めることになったという。保存庫はほどなく１９８６年にオープン、続いて１９８９年にはＦＩＡＦに準会員として加盟する。その4年後に正会員に昇格したフィルムセンターはようやく「国立名画劇場」のフェーズから大きな一歩を踏み出し、伝統の上映活動を続けながらもアーカイブ組織としての準備を整える。その途中の１９９０年にフィルムセンターが開催したシンポジウムのタイトルが「フィルム・アーカイヴの四つの仕事」。「フィルム・アーカイブ」という語がこの機関の主催イベントの名として初めて公式に使われたのはこの時である。

筆者自身は、その後、曲がりなりにも世界のシネマテークの仲間入りをした発展期に着任したので、先駆者のたどった苦闘の模索期を経験していない。だから、何をしたらいいのか知らないまま、漠然と「これからはアーカイブが自分たちの仕事なんだ」と思っていたに過ぎない。だがこのアラン・レネのエピソードから改めて気づかされるのは、もし今の日本にシネマテークがなかったらどうなっていたか、という実務的な怖さである。

もう一度、レネが日本にやってきた1958年に戻ってみよう。この頃のフランスの映画保存といえば、今や映画の殿堂であるシネマテーク・フランセーズもまだ収集・整理・保存・活用のバランスが取れたシステマティックな組織ではなく、館長であった神話的収集家アンリ・ラングロワが猛烈な勢いでフィルムを集めていたものの、彼と少数の仲間ですべてのフィルムの置き場所を記憶していたぐらいのプリミティブな段階だったようだ。それは、現在私たちが考える「アーカイブ」以前の姿をしていたはずである。それでもレネは、すでに映画監督という仕事の内側に、過去の映画がその後も守られているという前提、つまり「シネマテーク」という概念を抱えていたのだ。そんな精神的な安心感を保証できなかった日本の姿を、事後的に見せつけられるのはやや気が重い。またこのレネの手紙を読んで、映画フィルム自体も大事だが、映画人の個人資料をきちんと整理して公開することもいかに大事かも、改めて分かる。デュラスはレネの、レネはデュラスの手紙を生涯保管していたのだ。

当たり前だが、『二十四時間の情事』は、エマニュエル・リヴァと岡田英次が24時間情事に耽っているような映画ではない。この頃は邦画でも外国映画でも、題名で、ポスターの惹句で、スチル写真の選択で、そうではない映画に無理にエロ映画のエッセンスを振りまく努力が至るところに見られた。だが、そんな日本公開題の「騙し」を今さら言っても始まらない。それもまた、もっとも数多くの映画を生み出し、娯楽産業の絶頂にあったこの時代の日本映画の勢い余った相貌のひとつだ。ところが1960年代の声を聞いた頃、観客数も映画館の数も減少に転じ、製作の勢いも曲がり角を迎えるが、そのことと、映画のアーカイブという概念が現実味を帯びてくることは、実は表裏一体のことだったのかも知れない。だがその日本映画の相貌の中には、まだ「シネマテーク」の影はない。川喜多かしこのかけ声で1962年に国立近代美術館で「日仏交換映画祭」が実現し、そのフランス映画の回顧上映を継ぐ形で、翌年パリで大規模な日本映画の上映が行われることになった。この結果として日本映画の大手各社がおのおのの名作のプリント84本を国立近代美術館に収めているが、これが本格的な日本映画の収集の始まりとなる。異邦人アラン・レネがデュラスに綴った言葉は、そんな来るべき時代を用意した呟きだったのかも知れない。

レネもう鬼籍に入ってしまった。彼にお詫びできるものなら今でもお詫びしたい。「君はまだ広島で何も観られなかった」と。

映画が危険物だったころ

映画史の《原罪》として

義歯、櫛、眼鏡のフレーム、ビリヤード球、ブラシの柄、ナイフの柄、シャツのカフス、洋服のカラー、靴、ピアノの鍵盤。これらは、かつて映画の仲間だった。いずれも、ジョン・ウェスリー・ハイアットたちが発明した史上初のプラスチック素材、商品名「セルロイド」の使い道である。真綿が硝酸と化合して硝酸セルロース（セルロース・ナイトレート）という物質になることは19世紀の前半から知られていたが、1869年、これに樟脳を加えると弾性に富む強い物質ができ、さらに加熱すると軟化して可塑性の大きなものとなることが発見された。その結果、本来は高価な材質で作られるべき品々がこの時代、次々とこの安価な代用素材に取って代わられた。しかし映画フィルムだけは、「代用品」ではなかった。発明の瞬間からこの素材を使っていた。いや、映画はむしろこの素材をあてにして発明されたと言ってもいい。

この物質は、どの程度まで硝酸の化合度を高めるかによって用途が異なる。それほど高くなければ前述の家庭用品に化けてゆくセルロイド用、最高度にまで化合させたものは他でもない火薬用となる。そして映画フィルム用は両者の中間、約12％の含有率を持つ物質から加工される。いずれにせよ、この時代の映画フィルムは爆薬とほぼ変わらない化学的組成をしていたわけである。

またこのセルロイド類は、いったん着火すると燃え尽きるまで消火ができないという性質を持つ。燃焼に空気中の酸素を要さないので、たとえ水中に沈めてもそれ自体はジリジリと燃焼を続ける。従って、発火した場合は、延焼を食い止めることに力を注ぐしかない。端的に言えば、まだ燃えていない部分のフィルムを急いでちょん切り、隔離することだ。その燃焼温度は摂氏約１７００度に達し、燃える速度も速く、大量のフィルムであれば爆発することもある。実は発明当初から、すでにこうした重大な問題は指摘されていた。セルロイドの義歯に葉巻の火が燃え移って口中に火傷を負う人が現われたり、これはハイアット自身の言葉で事実かどうかは不明だが、ビリヤードのボールが台の上で衝突して、小さな爆発が起きたりすることさえあったという。日本の現行の消防法でも危険物に分類され、一定量以上のセルロイド類を所定の危険物倉庫以外で保管することは禁じられている。

とはいえ、ほぼどんな形状にも造型できるこの物質の利便性は誰にも否定できなかった。この無色透明で薄く展ばすことのできる物質が、当時ますます需要を増していた写真用フィルム、さらに１８８０年代の後半にもなると、連続した映像を蓄えるに充分な長さに加工することが可能になり、映画フィルムの支持体（ベース）として応用できるようになる。仮にリュミエール兄弟によるシネマトグラフの発明（１８９５年）を映画史の始まりとみなすとして、不燃性のフィルムが実用化される１９５０年代まで、映画史のおよそ半分がこの危険な〝新素材〟に支配されていたことになる。発明の時点で映画がすでに背負わされていたこの重荷。映画保存の世界では、ナイトレート・フィルムはしばしば映画史の《原罪》とも呼ばれる。

ナイトレート文学／ナイトレート映画

それにしても、そんな危険な素材が映画史の前半を覆い尽くしていたとは、逆に言えばロマンティックにも思われてくる。破滅と魅惑、二つの属性に引き裂かれそうなこの時代の映画は、人間の想像力をそれなりに刺激したようだ。

この日本にも誇るべき「ナイトレート文学」がある。今さらと思う人もいるだろうが、川端康成の『雪国』をもう一度読んでみよう。その結末は、村の繭倉で起きた火事の場面である。繭倉の二階で映画の上映をしていたのだ。ただ、このあたりの描写はあまりにさりげなく、ナイトレート火災であることを気づかせないぐらいだ。主人公島村は、炎から救われた娘、葉子を駒子が抱えているのを目の前にして動揺するが、ふと天の川を見上げる。「さあと音を立てて天の河が島村のなかへ流れ落ちるようであった」。あまりに鮮やかである。映画火災はどこへ行ってしまったのか、すっかり天の川に持ってゆかれてしまった。

もちろん映画も、そのロマンティシズムを易々と利用した。その典型的な一例が、イタリア映画『ニュー・シネマ・パラダイス』(1988年)ではなかったろうか。日本で可燃性フィルムの話をすると、この映画の名を挙げる人はことのほか多い。映画の中で、老映写技師アルフレードは映画館の火災で失明する。だがのちに映画館が再建されると、子どもの頃から彼を敬愛してきたトトが映写技師になる。トトの代になれば、フィルムはもう不燃性素材になっている。アルフレードはそれを聞いて「進歩はいつも手遅れだ」とこぼすのだ。最近ではクエンティン・タランティーノの『イングロリアス・バスターズ』(2009年)が、ナイトレート・ファイアをあっさり戦争アクションに活用してしまった。ナチの高官たちが映画会のために集まった劇場を、映画フィルムをうまく使ってぶっ飛ばしてしまう。この映画はもともと「映画史映画」の趣があり、ナイトレートの爆発をやりたいがために作った映画だと勘繰られても仕方がないほどだ。

ゴダールの「映画史」と映画の内なる火

そして、御大ジャン=リュック・ゴダールも、もちろん黙ってはいなかった。だが彼においては「ロマンティック」の質がまるで異なっていた。いつもながら、ゴダールのヴィジョンはもっと辛口だ。「映画というささやかな商売の栄華と衰退」をめぐって、映画フィルムについてのいささか面妖な、詩らしきものを書いている。正しく言えば、書いたというより映画の中で口にしている。それは、彼が映画の歴史を映像そのもので語ろうとした壮大な『ゴダールの「映画史」』の、1Aから4Bにわたる全8章のうち2Bにある一節だ。

Les films sont
des marchandises
et il faut brûler les films
je l'avais dit à Langlois
mais attention
avec le feu intérieure
matière et mémoire
l'art est comme l'incendie
il naît
de ce qu'il brûle

映画は商品だ
だから燃やさなければならぬ
私はラングロワにそう言った
だが内なる火に気をつけろ
物質と記憶
芸術は火災のようだ
それは燃えるものから生まれる
(拙訳)

この『ゴダールの映画史』の2Bのタイトルは「命がけの美」。ここで「命がけ」と訳されている語"fatale"は、「ファム・ファアタル」(運命の女)という表現でもよく使われるが、2Bはまさに「ファム・ファアタル」を仲介に、映画の《美》と《死》の抜き差しならぬ関係が語られている。《美》は映画と同じく、滅びるものであるとゴダールは言う。そんな中で、この挑発めいた言葉は出現した。大して何も言っていないようにも見えるが、ここには彼なりの「物質的想像力」(ガストン・バシュラール)がある。「ラングロワ」とは、シネマテーク・フランセーズの創設者アンリ・ラングロワのことである。ラングロワが少年時代から収集してきたフィルムは、時代から考えて可燃性ばかりだったはずだ。集めも集めたり、ラングロワは自分のコレクションであるフィルムをシネマテークの映写機にかけ、若かったゴダールはその上映会に通いつめて映画を学んだのだ。そんな恩師にわざわざ映画を燃やしてしまえと口走るとは……。

デビュー長篇の『勝手にしやがれ』は1959年の作品だから、ゴダールは、もはや可燃性フィルムの使われなくなった時代の映画人である（最初期の短篇はひょっとしたらナイトレートだったかも知れない）。やがて1960年代の後半、商業映画の思想的限界を訴える彼は、「商品としての映画」というあり方自体に異議を唱える。ただ彼はこの言葉を、映画はそもそも商品なのだから燃やせ、とナイーブに「戦闘的」な身ぶりで言ったとは思われない。私は、ゴダールの念頭にあった「燃える」フィルムとは、そして映画の中に潜む「内なる火」とは、拒絶の徴である以上に、それでも、このはかないフィルムが私たちの記憶のよすがなのだという、映画の本質をえぐった言葉に思えてならない。「物質と記憶」というベルグソンの書名の引用はご愛敬としても、ゴダールは「記憶は例外なく物質の中に収められる」という厳粛な事実には敏感だったはずだ。彼が戦後間もなくシネマテークで観た無声映画には、数多くの可燃性フィルムが含まれていただろう。だからこの「詩」は、アンチ映画保存の狼煙のように見えて、実はゴダールなりの映画原理主義であり、ナイトレート・フィルムへの挑発的な讃歌だったと思われてならない。

発明以来、おびただしい数のフィルムが捨てられてしまった。商品である以上、劇場公開を終え、商品価値がないと見なされると、「危険だから」とすぐに燃やされることが多かった。のちにリバイバル上映の栄誉に浴した映画など、その総体に比べればほんの一握りに過ぎない。映画の損失は、自然災害や戦災にも増して、実はこういう人為的な問題に本質がある。劇場配給終了後の廃棄、法的な理由による廃棄、火災、悪環境に長期間置かれたための劣化が、私たちのたどった「物質的映画史」である。その背後には文化財としての映画の価値への認識不足、保管経費の大きさ、無関心や悪意のない怠惰といった社会の認識が控えていた。ナイトレートの「内なる火」は、映画に関わる人間たちを右に記したような認識へと駆り立てた。そして、映画が記憶を司る物質であるという事実は、ついぞ世の中に広く伝播されなかった。それでもナイトレート・フィルムは、近年も倉庫や個人宅などさまざまな場所で発見されている。とりわけ映画がフィルムからデジタル素材に移行する現在は、フィルムという素材の価値が総合的に問い直され、再評価の波にも浴している。その中で、私たちの視野の外にあったナイトレート遺産も、改めて私たちの前に姿を現しつつある。

ぞんざいに扱われてきた私たちの記憶。プラスチックという物質の中に収められた記憶は誰のものなのか。ゴダールが『映画史』に続く『愛の世紀』(2001年)で問いかけたのはまさにそのことである。娯楽産業としての発展を経て、映画保存に対する意識がヨーロッパやアメリカを中心に具体的な保存活動として高まってきたのは、発明からかなり長い時間を経た1930年代である。FIAFがアメリカ、イギリス、フランス、ドイツの4か国により結成されたのは1938年だが、ゴダールはそのことに映画の中で触れている。これはたぶん「国際フィルム・アーカイブ連盟」という語を初めてしゃべらせた劇場用フィクション映画であろう。ラングロワはともかく、ニューヨーク近代美術館映画部の創立に大きな役割を果たした女性、アイリス・バリーまで出てくるのだ。ただ『愛の世紀』のゴダールがいささかナイーブに見えるのは、ストーリーの中で、アメリカ人がフランスのレジスタンスの記憶を映画化しようとするという、あからさまな図式でしか「記憶は誰のものか」という主題を扱えなかったことだろう。

不燃性フィルムの台頭

第二次世界大戦の後、可燃性フィルムの終焉とともに、現実はかなり面妖な方向に進んでいった。1948年にコダック社がアセテート・フィルムを映画館用の35ミリフィルムに応用し、その実用化に成功すると、火災の恐怖から逃れようとした各国のフィルム・アーカイブや映画蒐集家は、一斉にこの不燃性フィルムへの転写複製を開始した。やがて1950年代のうちに世界のフィルム製造会社がナイトレート・フィルムの生産を中止し、全面的にアセテート・フィルムの製造に切り替えると、「不燃性フィルムへの転写こそ映画保存の鍵」という認識が世界の映画保存関係者を覆った。そのため、各地のフィルム・アーカイブで予算と時間をかけた大規模な複製プロジェクトが進められた。ナイトレート・フィルムは不安定な過去の遺物と断罪され、以後それを常識とする時代が長く続いた。

しかし、1950年代のうちに、すでにアセテート・フィルムの保存に関する重大な問題が早くも指摘されていた。アセテート・フィルムは、ナイトレートとまったく同じセルロースのエステルである以上、加水分解の進行に伴ってガスを発生し、自らを触媒として劣化を進行させるのは同じである。かくして1970年代から1980年代にかけて、環境のコントロールが不充分だった各国フィルム・アーカイブの保存庫は強烈な酢酸ガスの刺激臭を充満させることになった。逆に見ればすべての可燃性フィルムを不燃性フィルムへ、つまりナイトレート・フィルムをアセテート・フィルムに複製するという徹底した方針は、それまで、可燃性フィルムへの訣別がいかに待望されていたかの証でもある。映画産業や映画作りの現場においては、ナイトレートは一種のトラウマにさえなっていたのである。ゴダールの「詩」は、映画史の半ばで映画界全体に蔓延したこのトラウマを逆転させ、フィルムが抱え込んでいる「炎」が、実は映画芸術の源泉なのだと説く。消えてゆく映画の材質に映画の存在基盤を見出そうとした、彼なりの逆説的なロマンティシズムである。

ところが、産業から消えていったナイトレート・フィルムが、実は優れた物質であったことがのちに明らかになる。アセテート・フィルムの不安定さに直面したフィルム・アーカイブは、それでも一部のナイトレート・フィルムが何ら劣化を見せぬまま美しい画像をたたえている現象に注目せざるを得なくなった。映画の発明初期にあたる１８９０年代に撮影されたフィルムさえ、その一部は現在なお素晴らしい状態で残っている。１４００本以上が撮影されたシネマトグラフ・リュミエールがその典型例だ。複製という行為そのものが画像のシャープさを失わせる以上、オリジナル素材であるナイトレートがこうした永続性を見せていることには大きな意味があった。環境次第でナイトレートはアセテートよりも長持ちするという新しい認識が生まれ、複製メディアではありながら、二つとないオリジナル素材の持つ価値が再浮上することになる。

その後の映画保存においては、上映などに必要なアセテート・フィルムへの複製を行った上で、元のナイトレートも残して適切な環境で保存することが推奨されている。ナイトレート・

主要な映画フィルム素材の歴史的分類

フィルム・ベース材質	実用化時期	主な用途
セルロースナイトレート(NC)	1889年	1950年代まで劇場用映画に使用
セルロースダイアセテート(DAC)	1920年代	家庭用映画に使用
セルローストリアセテート(TAC)	1948年	1950年代より劇場用映画に使用、現在も撮影用ネガティブに使用
ポリエチレンテレフタレート(PET)	1955年	1990年代より劇場用映画(上映用ポジティブ)への使用が増加

フィルム用保存庫の建設と保存環境のコントロール、フィルムの状態の正確な評価、そしてコレクションを丸ごと複製するのではなくダメージの度合によって優先度に高低をつけた上での複製計画作り、それが現在におけるナイトレート・フィルム保存の最も適切な戦略である。ナイトレート・フィルムがアセテート・フィルムに取って代わられた際の経験が教えるものは、たとえ映画が複製芸術だとしても、結局新素材への全面的な複製が必ずしも最良の映画保存にはならないということである。映画がデジタル素材に移行する現在も、それは同じことである。一国のフィルム・アーカイブの担う遺産の量を考えてみれば、複製作業は永遠とも思われる時間を要し、そのコストはあまりにも大きい。かつてナイトレート・フィルムとして作られながら、複製の果てに「ヴィネガー・シンドローム」に冒され、酸っぱい臭気を放っている映画たちは、今も私たちに将来の映画保存への教訓を与え続けている。

いくら物質であることをやめて目に見えない「データ」に化けようとしても、映画がこれまで種をまいてきた物質的想像力は終わらない。世紀をまたいではや十数年、ナイトレート・フィルムはいまだあちこちで発掘されている。デジタル時代の到来は、逆にフィルムという媒体の歴史を総括する機会となっているのだ。ナイトレートの「内なる火」は、今も私たちの記憶の場を刺激し続けている。

カバー写真について

中馬聰「Nitrate Film」

経験ある映画アーキビストなら、このフィルムがナイトレート素材であることはすぐに分かる。そして表面を覆うざらついた銀粒子を目にして、何やら陶然とした気分にもなってくる。物体としてのフィルムをここまで美しく撮った写真を私は他に知らない。映写技師でもある写真家は、この物体をどう撮るべきかをいちばんよく知っている。

地域映像アーカイブの可能性

どの地域にも、土地の人々の暮らしや風景、伝統芸能や産業などを記録してきた歴史的な映画フィルムがある。動く映像が発明された19世紀末以来、世界各地でこうした記録が残されてきたが、それらは年月を経るごとに文献資料や写真にも肩を並べる大きな意義を担い始めている。また劇映画の世界でも、一つの地域に根ざした作品は数多くあり、記録映像に劣らない価値を有する。ロケーション撮影で捉えられた、今や存在しない過去の風景はもはや資料的価値を担い始めている。こうした「地域映像」とでも言うべき無数の記録にもスポットを当ててみたい。

１９９９年、スペインで行われた国際フィルム・アーカイブ連盟（ＦＩＡＦ）の年次会議に出席したとき、首都マドリードだけではなく、カタルーニャ、バスク、バレンシア、ガリシアといった独自の習俗文化を持ったスペインの各地方それぞれが映画のアーカイブを運営していることを知った。その時は今から80年以上前のバスク地方を記録した映像に接することができた。それらの中には誰が撮影したのかも判明していないフィルム群も含まれているが、それらは当時使われていた可燃性フィルムから現行の安全な不燃性フィルムへと複製された上で、専門家の助けを得て撮影地点や年代が確定され、未来の人々が幅広い目的で活用できるように分類されていた。バスクで映画といえばサン・セバスチャン国際映画祭という華やかな祭典があるが、このアーカイブも民族にとっての誇りとなるはずである。またカタルーニャ（バルセロナ市）の映画アーカイブは、１９１０年代のパリで映画芸術の開拓者ジョルジュ・メリエスと肩を並べて活躍したカタルーニャ人監督セグンド・デ・チョモンの短篇群を復元して公開していた。その創意あふれるトリック撮影は筆者を含む多くの参加者を魅了したが、そうした「地域の誇り」としての映像に触れることで、ローカリズムと映像アーカイブは親和性のある概念だと実感するようになった。

日本の地域映像を考える

さて、日本ではどうだろうか。地域映像はやはりいろいろな場所に眠っているはずだ。テレビ局であれば各社が映像保存の専門室を持っているはずだが、ビデオ媒体の保存可能年数はフィルムより短く、映像の保存は頭の痛い問題のはずである。また企業や市町村のＰＲ映画は、製作プロダクションにあればまだいいが、スポンサー側では一定の利用が終わると邪魔者扱いされ、事務所や倉庫の片隅に追いやられたり、廃棄されることとさえ頻繁だ。フィルム時代の終焉を迎えて、その傾向はさらに加速しつつある。アマチュアの映画愛好家の方々が撮影した8ミリなどのホームムービーも20世紀の証言としての価値を持ち始めているが、それらの有効な活用術はなかなか見つかっていない。たとえ題名を持たない断片的な映像でさえ、歴史の資料として無価値ではない。

日本で唯一の国立映画アーカイブである東京国立近代美術館フィルムセンターにも、多くの劇映画と並んで、全国各地の映像を収めた文化・記録映画やニュース映画が保存されている。それらは必要に応じて外部のテレビ局などにも提供されているが、アクセスの便宜を考えれば、こうした一元的な集中は必ずしも理想的な形態とは言えないだろう。だとすると、こうした映像たちにとって幸せな場所はどこなのか。

まず、地域の映像をもっとも有効に活用できるのが、それぞれの地域社会であることを認識すべきだろう。そこで浮上するのが地域の映像アーカイブの構想である。記録映像であれば内容を精査して適切にデータ化し、外部からのアクセスにも早急に対応できるシステムを構築することになる。また、その地域出身の監督がメガホンを取った映画、その地域でロケーションが行われた映画など、劇映画においても地域アーカイブの構想は有効である。

国内でそれに挑んだケースを挙げてみよう。福岡市は1996年に総合図書館を開館させたが、その基本構想に「映像・音声作品等の収集・保存・提供」を謳い、館内に映像資料課を設置してきた。その業務には映画フィルムの収集が含まれ、福岡市の方針に沿ったアジア映画の収集とならんで、福岡出身の映画監督や福岡を舞台にした映画などの収集を積極的に行ってきた。地元にゆかりのある映画を収集する点では、広島市映像文化ライブラリーの活動も特筆されよう。また沖縄県では、苛烈だった沖縄戦以前の映像がほとんど残存していない状況を考慮して、県立公文書館が映像資料の収集に乗り出し、定期的な上映会なども行っている。ただ、これらの例だけではいかにも寂しい。

福岡市総合図書館のフィルムアーカイヴ部門のウェブページより

もちろん、解決すべき点は財源の問題以外にもいくつかある。一つは、専門の映像アーキビストの養成である。映像のアーカイブには、確立した方針のもとに映像を収集し、集積された個々の映像を後に検索しやすいようにカタログ化、それらを展示や貸し出し、パッケージ化やウェブ公開などさまざまな方法でオープンにする、そうした一連の仕事をコントロールできる人材が求められる。だが日本では、映画保存のワークショップは始まったものの、本格的な養成機関が存在しないのだ。そしてさらに重要なのは、映像の〝最終保存所〟としての責務の遂行である。もちろん映像を活用する際の媒体は、使い勝手の良さを優先して、ビデオでもインターネット配信でも、時代の効果的な技術で伝えられるべきだろう。だがアーカイブの責務は、映像を未来へ向けて可能な限り長く継承させることでもあり、映像の媒体が時代によって目まぐるしく変遷する以上、オリジナル素材を保存することの意義が減少することはない。一代限り、二代限りの「保存」に終わらないよう、長期的な視野に立つことがアーカイブの本質的な発想である。全国各地で大いに検討されるべきではないだろうか。

映画は牛からできている

映画の保存所に勤めていると、時に、「お好きな映画に囲まれて幸せですね」と言ってくれる方がいる。確かに、映画は目の前にある。それを観る権利も、実はあるのかも知れない。だが、ここにあるのは映画である以前に〝もの〟としての映画フィルムであり、その物量に具体的に対峙することなしに映画を思考することが、はなはだナンセンスに思われてくる。いつしか、フィルムに囲まれ、フィルムを触っているだけで人は幸せになれるかという問いに頷けるようになった。そんな中で、1999年の国際フィルム・アーカイブ連盟(FIAF)会議のワークショップで日本のカラー映画のシステムについて発表をせよと命じられたことは、〝映画唯物論〟へと向かう一つの転機となった。その後も喜々として、1930年代におけるナイトレート・フィルムの国産化についての歴史研究に着手した次第である。

煎じ詰めれば、映画とはプラスチックの長い帯（フィルムベース）の片面に、感光膜となる乳剤（エマルジョン）を塗布したものである。どこまでも均等に乳剤を薄く塗布する技術は、フィルム製造企業の果てしない技術革新の末に編み出されたものだ。そしてその原材料を検討してみると、一つの重大な事実に突き当たった。フィルムの乳剤は、ゼラチンの中に、溶かした感光材料を固定したものである。だのにこのゼラチン、人工的な合成技術が未だになく、すべて牛骨・牛皮などの動物原料から抽出されているという。しかも、ゼラチンは牛一頭からわずか3キロほどしか取れない。もしこの世界に牛たちがいなかったら、映画も写真もない……。私たちがこれまで映画館のスクリーンに見てきたのは、どれもこれも牛の体内物質を通過した光の跡なのである。

これを知った日から、この鈍重な動物の姿が脳裏から離れなくなった。一頭一頭が別々の体質を持つ動物と、どこまでも安定した品質水準を満たさねばならぬ近代工業製品としての写真乳剤。その矛盾を解決するために、かつてコダック社は牛を飼育し、牛たちが食べる牧草の種類までが研究対象になったと聞く。私たちは、映画のためにどの牧草を選んだらいいのだろうか？　さらに、肉食の習慣が一般化していなかったかつての日本では、戦後のある時期まで牛の代わりに鯨もゼラチンの原料に使っていた、とゼラチン会社の方は語ってくれた。これぞ純和風のフィルムというべきか、とにかく映画は海原の向こうからもやってきたのだ。

「デジタル・ジレンマ」とは

「映画とは何か」という問いには、当然ながら単一の答えはない。だが、そこに「牛だ」という答えを付け加えられたことを、映画は誇りとするべきだろう。隆盛を極めるインドの映画業界は、果たしてフィルムが聖なる動物の死骸からできていることをどれほど知っていたのだろうか。そして、いまや到来したデジタル時代の映画は、要するに「牛のいない映画」と定義することができる。もっとも製造されるゼラチンの大半は食用なので、牛の視点からデジタル時代を憂える必要はないのだが、それでも私たちは、20世紀芸術が持ちえた大らかな物質的ロマンティシズムをこうして失ってゆくのである。

さらに付け加えれば、その即燃性を恐れられたナイトレート・フィルムのベースの組成は、綿火薬のそれとほぼ同じ硝酸セルロースである。1941年の日本で、海軍から爆薬製造のために硝酸の大幅な割り当て増加を要求された政府が、映画界のドンたちを呼びつけ、民間に回す硝酸はない、製作会社を直ちに統合して製作本数も制限せよと言い放ったエピソードは、日本映画史をかじった人間にはよく知られている。フィルムか爆薬かの二者択一。要するに映画は、かつて〝爆薬〟でもあったのだ。

つまり、あえて乱暴な言い方をすれば、映画とは爆薬の上に牛の体内物質を塗りつけたものだったわけだ。将来、私たちはその奇妙な事実を忘れてしまうのだろうか。そして、映画が〝もの〟であった時代を、映画が〝情報〟になってしまった時代はいかに回顧するのだろうか。映画フィルムをほどいてみれば、ひたすらに画像が羅列されているのが見える。１００分の映画ならば９０００フィート、１フィートは16コマだからコマ数にして14万４０００に相当する。私たちは映画館に行くたび、10万や20万の画像を一気に目にすることになる。それなのに現在、「映画」だと言われて手渡された物体、例えば平たいディスクには、具体的な映像の影も形もない。映像がいまここで物質として見えないという恐ろしさを、私たちは１９８０年代にビデオカセットの登場で味わうべきだったのだが、ビデオはあくまで家庭視聴のための代用品という考え方に守られて、そうした感情には結びつかなかった。だが、もうデジタル技術がフィルムを代用できるかのような拙速な議論がまかり通る現在こそ、画像がいまここにない、というシンプルな事実を恐れ始めたほうがいい。ハリウッドをはじめとする海外の映画会社が、現状では、デジタル映画の最良の長期保存法は結局フィルムに転写することだと明言している現実を、いま一度噛み締めるべきだろう。そう、デジタル媒体のデータは、人為的なミスや、保存媒体の劣化や、他のさまざまな要因で、いつ読み出せなくなってしまうか分からない。この事態は、２００７年にアメリカで発表された同名の報告書以来、「デジタル・ジレンマ」と呼ばれている。

映画は牛だ、と意識してから一度だけ牧場に行ったことがある。蝿にたかられたまま草の上に座り込んでいるこの連中が、私たちの〝芸術〟に他ならないことを確かめながら、映画が〝もの〟として目に見えるこの単純な事実にいま一度感謝した。連中は何も知らないだろうが、もう少しの間、未来の映画のために草を食み続けるだろうか。

映画館を知らない映画たち

奥飛騨のピラミッド

一本の映画の話から。それは映画館にかかる映画ではない。高度成長期の日本で静かな盛り上がりを見せた「もう一つの映画」たち。映画企業や官公庁のスポンサーにより、そのジャンル専門のプロダクションが製作した無数の宣伝用映画は、作品の性質により「産業映画」や「PR映画」などいくつもの名で呼ばれたが、その総体はいまや莫大な文化遺産となっている。

2001年にフィルムセンターが開催した上映企画「フィルムは記録する2001」の中で、『御母衣《みぼろ》ロックフィルダム第一部』(1961年)という産業映画を上映した。1960年、合掌造りで知られる岐阜県の荘川村に完成した巨大ダムの建設記録で、ダム建設を請け負った間組が英《はなぶさ》映画社に作らせた作品だ。

とはいえフィルムに実際に接してみるまでは、「ロックフィル工法」なる言葉ももちろん知らなかった。ダムと聞けば、普通は黒部ダムのようなコンクリートダムをイメージしてしまう。しかし何でも付け焼刃がこの仕事の常だから調べてみると、御母衣ダムの発想はそれとはまるで違い、岩石をひたすら積み上げて作るのだと分かった。文字通り岩石《ロック》を詰《フィル》めるわけで、岩盤が軟らかくコンクリートダムに不向きな場合に採用されるという。単純に積み上げるからには、ダムの断面は底辺の果てしなく広がった台形でなければならず、その体積は、コンクリートダムとは比較にならないほど大きくなる。ズブの素人でも、これが途方もない作業だとはさすがに想像がつく。

この「第一部」では、ダムの素材となるべき莫大な量の岩石を集めるため、近隣の山に派手な発破が次々とかけられる。何しろ堂々の35ミリ撮影である。際限なく緑の山肌が落下してゆくその迫力に圧倒され、いつしか私は陶然と見入っていた。山を丸ごと崩して集めた岩石や粘土の前では、それを少しずつ運んでゆくダンプカーなどほとんどミニカーにしか見えない。この工法、コンクリートを使わないから実は自然に優しいのだという主張もあるらしい。確かに、どうせ水面下になる予定の山肌を選んでいるのだろう。だがこの映画は、ダム工事とは苛烈で人為的な「地球の改変」であることを否応なく教えてくれる。「自然に優しい」ダムなど結局のところ語義矛盾なのだ。

NFCカレンダー2001年1・2月号
フィルムは記録する2001：日本の文化・記録映画作家たち

D-17 1／23(火)3:00pm　2／7(水)6:30pm

英映画社（計137分）

昭和初期からアメリカの教育映画を配給していた高橋銀三郎は，1948年に英映画社を設立，間組との提携のもとに「佐久間ダム建設記録」(1955-56)を完成，その名を高めた。その後は「御母衣ロックフィルダム」などの産業映画の他，青山通春，金子精吾らの演出家を擁し，教育劇映画に特色を発揮している。「山かげに生きる人たち」はその路線を先取りする作品で，実際に炭焼きに携わる人々を訪れて記録した事項を元にドラマを再構成する手法が採用されている。

御母衣ロックフィルダム　第一部（50分・35mm・カラー）
'61（英映画社）(監)高木邦治(脚)赤佐政治(撮)河合不二夫

山かげに生きる人たち（51分・35mm・白黒）
'61（英映画社）(監)(脚)青山通春(製)高橋銀三郎(脚)西岡豊(撮)黒田清巳(編)宮森みゆり(録)田中義造(音)林光(出)加藤忠，眞木小苗，和沢昌治，野辺かほる，森幹太

日本の民家（36分・35mm・カラー）
'62（英映画社）(監)(脚)赤佐政治(製)高橋銀三郎(撮)千石秀夫ほか(音)清水脩

上映カレンダーより英映画社のプログラム

個人的な話だが、ダムと言えばいつも「砦に拠る」というルポルタージュ文学を思い出す。九州の山中に「蜂の巣城」なる反対小屋を築き、孤立してからもたった一人で徹底的にダム建設を阻止し続けた男、室原知幸を描いたこの松下竜一の著作は私の生涯の一冊である。そして高度成長の象徴としての「ダム映画」、岩波映画製作所の『佐久間ダム』に出会ってそれに存分に魅入られていたら、「ダム映画」は決して戦後成長の専売特許ではないことを知る。日本占領下の朝鮮・満州国境のダム建設を記録した『鴨緑江大水力発電工事』(1940年)。これが16ミリプリントの形で大阪府の民家から発見され、自らフィルムの復元に携わることになった。ブローアップ復元を済ませたプリントをフィルムセンターの「発掘された映画たち2003」で公開したが、同年の8月には韓国の光州国際映画祭でも紹介され、いまでも上映のお呼びがかかる。巨大ダムは、いつも映画とともにあった。

御母衣ダムの建設では、350戸あまりの民家が水底に沈んだという。いろいろと調べていたら、反対運動の存在、名物の桜の移植など、幾多のエピソードに触れることができた。電源開発株式会社の覚え書を受諾した村民は、岐阜市など各地に移住したが、そのうちの数世帯は補償金をもとに東京渋谷に居を移したという。元来遊郭の地であった円山町で彼らは旅館の経営を始め、それを契機にこの町は日本有数のラブホテル街へと発展してゆく。「辺境」は、しばしば暴力的に「都市」に結びつけられる。だがその挿話は映画のどこにも現れることはない。

さて、「フィルムは記録する」というシリーズ企画自体は、ドキュメンタリーの作家やプロダクションを軸に組み上げられたもので、戦前・戦後・1960年代・1970年代以降と時代ごとに4回に分けられた。『御母衣ロックフィルダム』を製作した英映画社は、1950年代から産業映画や教育劇映画に特色を発揮したが、今は解散した短篇映画の老舗だ。監督の高木邦治にせよ脚本の赤佐政治にせよ、こうした分野での活躍では知られるものの、「ドキュメンタリー史」がこれまで熱心に記録してきた人名ではない。もとより産業映画には「演出」は許されても、「作家」や「主体」はなかなか許されないのだ。しかし物言わぬダムはここに圧倒的に存在し、観る者に迫ってくる。私は円山町周辺のラーメン屋やカレー屋に赴くことがあるが、あの上映以降、周囲を歩くたびにあの発破の音が鳴り始め、なかなか私の耳を去ってゆかない。演出家の助けを得て、撮影対象がただ無償に発散している何かを、スクリーンの前の私たちは一切無視できるだろうか。

残念ながら「第一部」ではこのダムは完成しない。それを目撃するには「第二部」を待たねばならないが、こちらはなんと堂々のシネマスコープ映画である。いまや産業映画を35ミリで撮影するプロダクションも消滅したというのに、この頃はしばしばシネマスコープで撮られていた(ロックフィルダムは横長だからシネスコはお似合いなのだ)。その意味でも、実は『御母衣ロックフィルダム』が時代の期待を集めた作品だったことが分かる。先の上映企画の中では、英映画社の他の秀作群(『山かげに生きる人たち』と『日本の民家』)を幅広く紹介するために、「第一部」のみの上映にとどめた。この企画は、私にとって産業映画とは何か、PR映画とは何かという思考を促す大切なきっかけとなった。

だがいつの日か、この映画の全篇をただの「ダム映画」としてスクリーンに乗せ、その意味を問い直したいと思う。消費社会の当面の《善》であり、取り返しのつかない《悪》でもあるこの奇妙なピラミッド。映画の作り手が匿名性を余儀なくされた先になお宿る、この巨大な被写体の不敵な呟きに耳をそば立てたい。もちろんその上映は、「第一部」の終了した瞬間に、スクリーンの枠を決める黒いバリアブル・マスクが荘厳な音を立てて左右に開き、「第二部」の幕開けを告げるのでなければならない。私のささやかな望みである。

匿名映画と著名監督

撮影対象との格闘を通じて自らの表現を切り拓く「ドキュメンタリー作家」と、与えられた一定の目的に奉仕せねばならぬ「PR映画」とは永遠に和解し得ないのだろうか。スポンサー企業のPRを強いられるこうした映像に作家性を求めるのは難しいことかも知れない。だがその一方で、今も昔もこうした映画やビデオにも手を伸ばす作り手はいる。まったく奇妙な例だが、木下惠介監督に『この天の虹』(1959年)という映画がある。八幡の製鉄所に勤める労働者たちのホームドラマだが、その1巻目だけを見れば端正極まりない製鉄のPR映画である。もしトップの松竹マークを外して1巻目の終わりにエンドマークをつけたとしたら、その題名は「日本の製鉄所」の方が適切だろう。こんな不気味な冒頭を持つこの映画には、ドキュメンタリー作家がPR映画に対して抱く反発を裏側からえぐったような、木下の底知れぬ悪意が感じられる。

また、個人的な回想だが、学生の頃だったか、『コンクリート作戦』なるゴダールのデビュー短篇が上映会にかかるというので喜び勇んで出かけたことがある。内容は何も聞かされず、どんな「作戦」だろうかとワクワクしていた私と友人たちだったが、それは山奥の工事現場を生真面目に記録したものでしかなかった。友人は複雑な表情を浮かべながら言った。「セメントを運ぶあのゴンドラの撮り方が、やっぱりゴダール的だね」。「うん、そうだな」と別の友人も陰気にうつむきながら一応同意した。他ならぬ私も賛同したのではなかったか。みんな、あまりにも幼かった。そう、原題の「オペラシオン」は「作戦」ではなく、単に「工事」と訳すべきだったのだ。

だから、『コンクリート作戦』から十数年後、黒木和雄監督の岩波映画時代の作品をまとめて観た時は肝をつぶした。若きゴダールでさえ産業映画の前にはひれ伏していたのに、ここでは和解どころか不可思議なゲリラ戦が演じられていた。フィルムセンターのシリーズ「フィルムは記録する」は、映画作家やキャメラマン、映画会社などを軸に日本のノンフィクション史を鳥瞰する上映企画だが、第3回にあたる2001年の特集では岩波映画周辺のスタッフ集団「青の会」を大きく取り上げ、黒木作品にもハイライトを当てた。火力発電所の建設記録である『海壁』(1959年)には重厚なポエジーがあり、羽毛のPR作品『恋の羊が海いっぱい』(1961年)に至っては破れかぶれなミュージカルであった。後者について脚本の羽田澄子さんに伺うと、映画をミュージカルにしたのは私ではありません、とのことだった。私はこれらの作品を、痛快とも、逆に痛々しいとも思った。いくらイケイケドンドンの高度経済成長期であったとしても、こんな映画が完成してしまうとは、スポンサー企業は半ば魔法をかけられていたとしか思えない。言い換えれば、成長がもたらした企業社会の一瞬のたるみを、黒木は的確に衝いていたことになる。そもそもデビュー前の彼が、山中に長期間こもって『佐久間ダム』の助監督を務めていたことはある種の感慨をもたらす。「私」のない記録映像に、「私」を導入しようとする〝面倒な闘い〟は、この唯物的な谷底の孤独のうちに醸成されたのではなかったか。

そしてその後(2001年)の山形国際ドキュメンタリー映画祭で、私たちはようやく、亀井文夫という監督がいかにアクロバティックなPR映画を人知れず作ってきたかを知ることになる。これら「PR映画」を異化するための映画作家たちの戦略は、日本の記録映画史に正しく位置づけられるべき独特の〝闘い〟の痕跡である。

だが、それと同時に、もう一つの問いが私の中に浮かび上がってきたのも事実である。つまり、名前がほとんど取り上げられない演出家やキャメラマンらによる、産業PRや教育といった機能のみに殉ずる無数の映画は、運命的に魅力を欠いた映画と言っていいのだろうか。

私にはそうは思えなかった。それは先ほど述べた『御母衣ロックフィルダム』だけではない。映画はもっと寛容なメディアのはずだ。

個々の記録映像は、それだけで世界のかけらであり、スクリーンに向かう人間に複雑な信号を発信している。もちろん、映像を漫然と並べただけで「ドキュメンタリー」になるわけはない。だが一方で、「作品」という概念を飛び越して、個別の映像に即物的に反応している自分も無視できなかった。映画の構成や画面の充実を重んじる態度とは別に、映画の素材性そのものにダイブする態度もまた生産的になり得るのではないか。自分で上映に関わってみて、ますますそのことに自覚的でありたいと思った。

そして、その考えを深めてくれた新たな機会が、2002年3月の「フィルムで見る20世紀の日本」という上映企画である。

《映像だけの国》を求めて

「フィルムで見る20世紀の日本」なる不思議な上映企画が湧き上がってきたのは、2001年の暮れだった。フィルムセンターは、東京国立近代美術館の一部である。その美術館本館のリニューアルを記念する展示企画「未完の世紀 20世紀美術がのこすもの」に合わせて、フィルムセンターも「20世紀」を云々する企画を立てることになった。何しろ相手は「20世紀」。上映期間は3週間。とんでもないことになったと思った。一時は劇映画と記録映画をカップリングさせることも考えたが、コンセプトが曖昧になる危険性を指摘されたし、自分でも何かをごまかしたような気がした。いっそ、フィルムセンターが持っているノンフィクション映画の総体と向き合えないだろうか。そう考え直して、同僚とともに日本の「20世紀」を18のテーマに絞り込み、短篇作品やニュース映画を抽出する作業に取りかかった。それは例えば関東大震災であり、沖縄とアイヌであり、工業であり、衛生思想であり、輸送であり、教育であり、スポーツであった。いまだ本格的なカタログ化の行われていない無数のフィルムを前に、その作業は突貫工事の様相を呈していた。内容だけを調べればいいのではない。フィルムは物質である。ズタボロのフィルムは上映リストから外したとはいえ、それでも状態の悪いフィルムを選んで映写技師から注意されたこともあった。これがフィルムセンター設立前の日本の映画保存なのだ。

この企画の成立が、アーカイブとしてのコレクションの厚みにかかっていることは明白だろう。とにかくフィルムがある。存在するだけで感謝の心でいっぱいになる。「アーカイブ」「保存」といった言葉は、耳には何やら静的に聞こえる。だが、50年経っても100年経ってもまだフィルムがあること、誰かがフィルムのある場所を覚えていること、それがどれだけ途方もないアクティブな努力であることか。映画を通じたいかなる過去の検証も、「作ったフィルムの置き場所を忘れないこと」からしか始まらない。

さて、この「フィルムで見る20世紀の日本」をいざ始めてみると、それぞれの作品がやは

NFCカレンダー2002年３月号
フィルムで見る20世紀の日本

り機能にとどまらない相貌を持って迫ってきた。例えば「築く」というプログラムでは、『地下鉄の出来るまで』という大阪御堂筋線の工事記録、『上椎葉アーチダム』という宮崎県のダム建設記録、『偉大なる建設』という東京タワーの建設記録、そして手前味噌ながら『東京国立近代美術館誕生』という東京は竹橋の美術館本館の建設記録という4本を上映した。いずれも「ドキュメンタリー史」に輝く著名な演出家やキャメラマンは参加していない。だが、いまスクリーンの上で東京タワーが築かれつつある、そのことの迫力は否定できなかった。美術館の工事で、赤く熱されたリベットを骨組みの上の作業員に送る「リベット投げ」もただ感嘆するのみ。ここには、自己を表現しようとする《作家》の視線はない。それが「割り切った仕事」なのか「屈辱的」なのか、観客はそれさえも知ることはできない。しかし被写体の側に自らを置けば、映画はワンショットごとに忘れず何らかのインパクトを届けてくれる。

それに気づいた瞬間から、変な言い方かも知れないが、〝すべての映画〟が面白いと思うようになった。そこにある任意のフィルムに対して愛情のようなものが湧いてくる。仕事柄、何度か映画の「発掘」に立ち会ってきたが、当然ながら、実際に「発掘」される映画は私たちの思いの深さで決まるのではない。存在さえ知らなかった映画の断片が、ある日ヒョイと現れる。有名も無名もない。そこで出会った映画が、いちばん愛しい映画なのだ。

またこの意味では、劇映画と記録映画の間にも本当は大きな違いなどないのかも知れない。

劇映画にも現実のかけがえのない断片が確かに記録されているからだ。大島渚の『青春残酷物語』を観て、1960年の新宿の街並みを現在と比較したことはないだろうか？　戦後間もない時代を描いたはずの浦山桐郎『青春の門』に、真っ白なガードレールやきっちり区画整理された田んぼばかりを視認してしまうのは私だけだろうか？　1975年に撮られた後者は、フィクションであろうがいやでも「列島改造」の証言者たらざるを得ない。個別のショットが、ストーリーを超えて自らの記録性を主張することもあるのだ。

私は、映画作家は不要と言っているのではない。ただあらゆる映像は、人間への心理的な働きかけの大小に関わらず、まずその存在が全面的に歓迎されなければならないのではないか？　私は、作家や人間の営為の向こう側に、いろんな映画からやってきた個別の小さな映像の群れが、分け隔てなく、手に手を取って《映像だけの国》を形作っている気がしてならない。それは、1990年代から注目され始めた、撮っている人間自身が主題となる「私的ドキュメンタリー」も例外ではない。一旦撮影された映像は、その瞬間、人間の意図や選別を超えた領域に入ってゆく。私は、数万本のフィルムを抱えた組織にいて、映画の見方に重力異常を起こしたのだろうか？　それともこれは悪しき素材原理主義なのだろうか？　そうではないはずだ。単に私は、あらゆる場所で撮られつつある「現実」がキャメラに対してどこまでも寛容だと言っているに過ぎない（もちろん、決して撮られることのない現実や無数の制約も厳然とあるのだが）。だからこそ思う、「現実」の恣意性の前では撮影主体などほんの小さなものなのかも知れないと。そして、〝作品〟としてのドキュメンタリー映画作りとはかくも苦しい仕事ではないか、とも。

歴史と向かい合うアーカイブ

ドキュメンタリーを完成させるための、劇映画にはない精神的、肉体的労力をないがしろにして、無数の映像が漂う〝海〟の話から説き起こすのは、ある意味で失礼なことかも知れない。だが、記録という行為が本質的にアーカイブという思想を呼び寄せるのもまた事実である。アーカイブは「区別」をしないのだから。

研究費を得て短期間オランダへ渡る機会があった。日本占領期のインドネシアで製作された映画の調査のためだ。1942年から3年あまりにわたる日本軍政時代に、日本映画社ジャカルタ製作所は数多くのニュース映画、文化映画を完成させた。これらは、旧宗主国のオランダが充実した撮影所や大量のフィルムを残していたこと、ジャワ島が激戦地とならなかったことなど、いくつかの条件が重なって辛うじて成立したものである。日本の敗戦後、フィルムは再占領を目指したオランダ軍が本国に持ち帰り、これまで50年以上もの間、不燃性フィルムへの転写などの適切な保存処置を施していた。現在はオランダの視聴覚研究所の管理下にあり、今も第一級の資料として日本の占領政策を伝え続けている。一部は1997年の山形国際ドキュメンタリー映画祭でビデオ上映されたが、それらは占領日本軍の「PR映画」

と言って差し支えない。

そのジャカルタ製作所の製作部長だったのが、文化映画の演出家石本統吉であった。ドキュメンタリー映画の祖ロバート・フラハティや英国ドキュメンタリー運動の指導者ジョン・グリアソンに影響を受け、『雪国』(1939年)などの作品で社会改良を訴えていた石本が、軍国日本とその政策の宣伝映画を喜んで作っていたわけはない。「作りたい映画」と「作らなければならない映画」の間に立たされたノンフィクション作家という構図はこの時代にもう存在したのである。ただ戦争の前では、後の黒木和雄のような反逆への道はほぼ完璧に閉ざされていた。「スポンサー」は、最終的には銃を握っていたからである。そのジャカルタには、やがて戦後ドキュメンタリーの巨人となる編集の伊勢長之助や撮影の小林米作もいた。

製鉄PR映画の傑作『新しい製鉄所』(1959年)を観た人なら分かるだろう。瀬川順一の鋭敏な構図感覚を寸分の狂いもない呼吸でまとめ上げた、伊勢長之助による編集の美を。小川紳介が「トントンパッ」と呼んだ伊勢のシステマティックでリズミカルな編集技術は、ジャカルタ時代の例えば『防衛義勇軍の歌』(1944年)という作品に早くも見ることができる。日本とともに戦うインドネシア志願兵の募集を促すこの映画は、野山を行進するイスラーム青年たちの映像から構成されているが、その呼吸は伊勢の戦後の膨大な仕事の原点に立っていると思われた。

また、私がお会いした小林米作氏は、ジャカルタ時代の石本ら撮影所首脳陣のことを「毎晩、歌って遊んでばかりいた」と批判した。極端とも言える集中力で仕事をこなす小林にしてみれば、ほとんどの人間の仕事ぶりなど生易しく見えるのかも知れない。だがもちろんこれは不当な言い方でもある。現在残されているフィルムから、プロデューサー石本の生産性の高さは否定しようもなく、同時に、抑圧的な内地を逃れた心理的な解放感も想像すべきだろう。そのせいか、全般的に作品のタッチはむしろ伸びやかである。漫画家小野佐世男の描いたイラストを駆使した衛生PR映画『マラリア撲滅』(1944年)という作品は、内地では瞬く間に権力に取り込まれていった「文化映画」の再興を、少数の精鋭の助けを得てこの新天地で夢見るかのような勢いさえ感じられた。それは私には、彼が英国ドキュメンタリーから学んだ〝映画による社会変革〟への希望をつなぐ、最後の小さなともしびのように見えた。

その名は、成田空港建設反対農民に寄り添った「三里塚」シリーズのドキュメンタリー監督、小川紳介からも述べられた。好著「映画を穫る」の巻末に収められた、安井喜雄による小川へのインタビューを読むと、彼が自分以前のノンフィクション映画に豊かに言及していたことが分かる。そこには伊勢長之助も石本統吉もいた。生物映画の先駆者、太田仁吉といった名前まで出てきた。「青の会」でも若手に属したであろう彼は、思いもよらず「文化映画好き」だったのだ。國學院大学の映画研究会にいた小川は、この世界に入るに際して、当時日映科学映画製作所の社長であった母校の先輩石本にまず接触している。そして、『ニッポン国古屋敷村』で稲作を撮る際に、太田の『いねの一生』をいかに批判的に吸収したかを語っているが、それを読んで、彼もまた「映画史」を乗り越えようとしていたのだと知った。PR映画とついにクロスすることのなかった小川だからこそ、そうした過去への言及は見逃すことができない。彼もまた頭の中に「アーカイブ」を描いていたのだ。小川とて独りですべてを案出したのではない以上、「小川以前」を探る作業は今後も続けられなければならない。ただ、それにも過去の膨大なる映像の蓄積を要するだろう。それらもまた、一つ残らず「世界」との対決の痕跡である。

以上は、論考というよりは、むしろ未定形の問題提起というべきものだろう。映画が生まれて以来、この日本でも年月をかけて蓄積されていった映像。その中で思いのほか大きな場所を占めているのがこうした映画だ。ほとんどの人間には、その膨大な遺産にゆっくり触れられる時間はない。よくアーカイブは「記憶」という言葉に結び付けられるが、その意味で、これらの映画を真に私たちの「記憶」にするには、私たち自身の歴史的感性が求められる。この仮想の《映像だけの国》は、不意打ちのように、しかし強い存在感を持ってこれからも私たちを刺激し続けるはずだ。

対談

“私たち”の映画保存に向かって

石原香絵

NPO法人映画保存協会の石原香絵さんは、肩肘を張らない自然な手つきで、私に新しい映画の風景を見せてくれた方である。仕事柄、映画保存を国家的な事業としか見ることのできなかった私に、映画保存は社会を構成するひとりひとりに関わる事業なのだと日々の実践から教えてくれたし、いまもそれを指し示してくれている。日本人で初めてアメリカのL・ジェフリー・セルズニック映画保存学校で学び、世界各地のフィルム・アーキビストとつながりを持つ石原さんに、その志の原点や多彩な発想の源を伺った。

石原香絵　NPO法人映画保存協会（FPS）代表。学習院大学大学院人文科学研究科博士課程、単位取得退学。博士（アーカイブズ学）。名古屋学芸大学メディア造形学部非常勤講師。L・ジェフリー・セルズニック映画保存学校卒業後にFPSを立ち上げ、幻の日本映画を発掘・復元・上映する「映画の里親」、国際的な記念日「ホームムービーの日」、東京都文京区の地域型プロジェクト「文京映像史料館」、東日本大震災の直後に立ち上げた「災害対策部」等のボランティア活動を通して映画保存の重要性を訴えてきた。

名画座の頃

岡田　私の場合は、フィルムセンターに入ったことで映画保存の意義に気付かされたわけですが、石原さんが映画保存を大切なことだと考えるようになったきっかけをまずお聞かせください。

石原　よく聞かれるのですけれど、いつもあまりうまく答えられません。自分にとっては自然ななりゆきというか、逆に映画保存に興味を持たない人が不思議です(笑)。ただセルズニック・スクール(L・ジェフリー・セルズニック映画保存学校。アメリカ・ニューヨーク州ロチェスター市のジョージ・イーストマン博物館映画部門を基盤とする）の存在を知ったことは大きいですね。

岡田　映画保存を専門的に教えるという意味では、世界的に見ても数少ない学校ですよね。

石原　当時（2000年）はまだ、イギリスのイースト・アングリア大学と、セルズニック・スクールだけでしたね。私は最初イギリスで進学する大学院を探していたんです。でもイースト・アングリアに気づく前にセルズニック・スクールの方を映画雑誌「サイト・アンド・サウンド」の広告で見て、フィルム・プリザベーション（映画保存）という概念を初めて知りました。その時点ではせいぜい映写の経験があったくらいなんです。

岡田　確か、都内の名画座にお勤めだったんですよね。

石原　はい。上映プログラムを組んで手書きのチラシを作って、もぎりや映写、トイレ掃除から何から、すべて担当させてもらいました。楽しかったです。

岡田　そこですでにフィルムを扱われていたのですね。

石原　『幕末太陽傳』とか『若者のすべて』といった16ミリフィルムのライブラリーのほかに、資料室もあって、映画の本やチラシを集めて公開していたんです。そう考えると、フィルム・アーカイブ的な要素を持っていたんですね。ですから映画保存協会で定期的に上映会を催していた頃は、ふと「これじゃ昔と変わらないな」って思ったりしました。

岡田　本格的なアーカイブではないけれど、決まった名作をレパートリー的に上映する活動を続けていた名画座でしたから、一種のシネマテーク的な機能を持っていましたね。ぼくが地方から東京に出てきたのが1987年で、最初だから大まじめに映画史の基本的な名作を見ようなんて思うと、やっぱり名画座に行くわけです。だから学校のような場所だったと何となく思っています。それはともかく、映写の経験がフィルムそのものへの関心につながったのでしょうか？

石原　初日から35ミリの映写を教わりましたが、あれはちょっとショックな出来事でした。それまでは映画を見ることしか考えていなくて、その延長で「映画館で働きたい」くらいの軽い気持ちでいたのに、初日から「じゃあフィルムをセットしてください」ですから。そんな感じで35ミリと16ミリの両方を映写するようになりました。

岡田　そうなると、劣化したフィルムの扱いとか、傷んだ部分の補修も考えざるを得なくなる。

石原　本当にボロボロの上映用プリントが届くこともありましたからね。今は映画館で働いてもフィルム上映の機会が少ないですから、プリント状態の善し悪しなんて、意識しないかも知れないですね。

映画保存の学校で学んだこと

岡田　セルズニック・スクールは、行かれてみていかがでしたか？

石原　一学年14人で、アジアからの留学生は私だけでした。事前に十分な情報を集める力がなくて、騙されてもおかしくないような状況でしたが、実際にはディレクターのパオロ（・ケルキ・ウザイ）さんが打ち立てた「フィルム・アーキビストを育てるカリキュラム」が完成されていて、非の打ち所がない学校でした。教わるのはフィルムを扱う技術だけではないんです。

岡田　パオロさんから、フィルム・アーカイブ的な思想をたたき込まれたのですね。

石原　そうです。あの学校に行った人はみんなパオロさんの子どもみたいなものです。教育者としても優れた方です。あと師匠は、オーストラリアのレイ・エドモンドソンさんですね。

岡田　世界の名フィルム・アーキビストが、入れ代わり立ち代わり特別講師として教えるんですよね。

石原　「その先生がいる間に学び尽くそう」という感じで、1週間の集中講義になるんですね。で、レイさんがいらした時に授業の内容が一気にグローバルになったんです。それまでは、どうしてもアメリカ中心で話が進んでいたわけですけど、レイさんはユネスコの仕事もされているし、アメリカ中心に考えてはいけないとか、FIAF（国際フィルム・アーカイブ連盟）はヨーロッパ中心すぎるとか、そういったことを教わって視野が広がりました。レイさんに「日本に帰って何をする？」と尋ねられたことが、帰国して映画保存協会の前身となる「映画保存研究会StickyFilms（スティッキーフィルムズ）」を立ち上げるきっかけになりました。レイさんやパオロさんは、後進育成に熱意を傾けた結果、いまや教え子が世界中にいる。それは感慨深いことでしょうね。

岡田　卒業生が、世界のフィルム・アーカイブで働いているわけですよね。

石原　その意味では、教わった先生の影響も大きいですけれど、「フィルム・アーキビストとして活躍する同級生たちの目に映画保存協会の活動がどう映るか」を常に意識していますね。皆の評価は、決して甘くないです。何かと気にかけてくれる一人が、アメリカの大学のフィルム・アーカイブ……ハーバード（・フィルム・アーカイブ）で働いていますが、彼女に褒められると、よし、という気持ちになります。

岡田　ぼくは大学でフィルム・アーカイブの基礎的なことを講義することがありますが、先日「アメリカに行くと、大学にもフィルム・アーカイブがある」という話をしたら学生が驚きましたね。

石原　そうでしょうね。ＵＣＬＡにもありますし、独立したフィルム・アーカイブかと思っていると、建物はキャンパスの中だったりしますよね。日本でも映画を教える大学はあるのに、そこに集まってきたフィルムが生かされていないのは残念です。あとスイスにいる友人は、個人のコレクションから生まれたフィルム・アーカイブ（キネマテーク・ベルン）で働いています。そこは映写機とかスプライサーとか、機材の数もすごいんですよ。彼女は、同じスイスの組織でも、政府の後ろ盾があるシネマテーク・スイスとはまた違ったオープンなフィルム・アーカイブのあり方が好きで、そこを選んで働いているんです。

映画保存は個人でもできる

岡田　セルズニック・スクールを卒業して帰国され、先ほどの研究会を立ち上げたのが２００１年ですよね。

石原　そうです。２００５年に映画保存協会と改称

キネマテーク・ベルン

して、2007年にはNPO法人になっています。

岡田　国の唯一のフィルム・アーカイブ組織にはやるべきことが無数にありますが、でもその回路だけでは掬いきれない映画保存があるのだと、映画保存協会で活動しながら石原さんは感じていらしたのではないですか？　もっと小回りの利く形というか。

石原　確かに、国家事業に参画できなくても、知恵を絞れば何らかの貢献はできるかもしれません。お金はないけれど、限りなく自由です(笑)。

岡田　個人でも映画のアーカイブ活動は楽しく考えてゆけるし、世の中にはそのきっかけとなるフィルムとの出会いもあるし、自分たちから遠い仕事ではなく、身近なものだということを私たちは石原さんに見せていただいている感じもします。

石原　でも、皆さんが思われるほど計画的ではないんです。ただ、学校で教わったことをどうしても試してみたかったし、広めたかったんですよね。映画復元のファンディング、文献の翻訳……みんなそうです。

岡田　発掘された映画を復元するためのスポンサーを募る「映画の里親」制度を立ち上げたときにも、念頭には学校の教えがあったのですか？

石原　そうですね。映画復元というのは、現像所の技術者の方と対等に話をしたり、貴重な資料の持ち主に気を遣ったり、最終的にどう上映するのがベストかを考えたり、マスコミに話題にしてもらって次

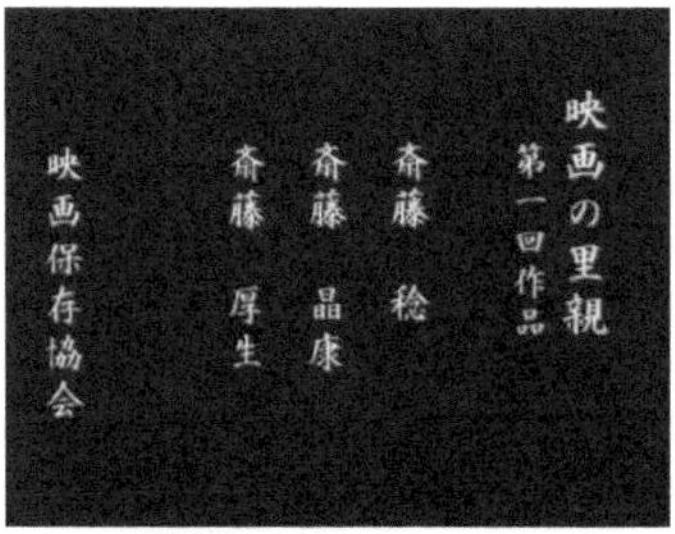

第一回映画の里親作品『モダン怪談100,000,000円［松竹グラフ版］』冒頭の追加クレジットとトップタイトルのコマ抜き。斎藤寅次郎監督のご子息３名のご支援により2006年に復元・上映（復元版はNFCに寄贈）。映画の里親プロジェクトでは2010年までに短編計６本を復元した

なる発掘につなげたり、そういう一連の流れを経験してやっと分かることだと思います。ですから、興味がある人には一通り体験してほしいなと思っていました。あとは「ホームムービーの日」（個人が過去のホームムービーを持ち寄って開催する上映会。毎年世界の多くの会場で同時期に開催）を日本で始めたのも、私が8ミリとかホームムービーに夢中になっているからだと思われることもあるけれど、そうではないですね。むしろ、そういう潮流もあることを知ってほしかったんです。実は「ホームムービーの日」を考案した一人、ニューヨーク近代美術館のケイティ・トレーナーも、セルズニック・スクールの同級生なんですよ。

岡田　かつては「アマチュアが作った個人映像なんて」みたいに考えられがちでしたけど、いまではホームムービーは歴史資料になり、研究論文にもなり……。

石原　日本で「ホームムービーの日」を始めた2003年頃は、珍しがられることもあったし、全く相

ホームムービーの日（Home Movie Day, HMD）、10年目、節目となった2012年のフライヤ（デザイン：香坂弓）

それぞれの地元で10年以上HMDを継続する世話人3名。中央：本文に出てくるHMD谷根千会場の世話人・島啓一さん（根津映画倶楽部）。右：日比野郷枝さん（HMD名古屋）、左：竹森朝子さん（HMD弘前）

手にされないこともあったし、批判されることすらあったんです。

岡田　どうして批判されたんですか？

石原　「そんなプライベートなものをみんなで集まって見るなんて」って、抵抗感があったようです。集客や収益につながらないと不満を漏らす方もいらっしゃいましたし、あと、アマチュア撮影のフィルムは大抵ネガがないので、「唯一無二のフィルムを映写機にかけるとは、けしからん！」と。

岡田　それは保存原理主義ですね（笑）。でも、いまでは全国で開催されていますね。

石原　多い時は日本だけで20会場近く。すっかり浸透しました。

岡田　実際に見てみると面白いんですよ。他人の家族の記録だけど、フィルムの質感もあいまって、微笑ましくて楽しい。あるいは電車が走っているとか、動物がいるとか、それだけでも愉快な気分になる（笑）。

石原　あれも本当に不思議なもので……10年以上やっていると、楽しみ方を心得た常連さんが、ホームムービーだからって捨てちゃいけない、保存しようね、と会場で訴えてくださる。東京都内でも谷根千会場は、ちょっと信じられない盛り上がりになっていますね。

日本の映画文化の豊かさ

岡田　いま、この日本で映画保存の「運動」というスタイルで行動していらっしゃって、壁というか、やりにくさは感じられますか？

石原　それはないです。むしろやりがいを感じています。でも、いま岡田さんは「運動」とおっしゃいましたが、本当に運動として盛り上がるのは良いことですよね。わたしたちが映画を守っているという実感が、映画ファンの中に残ると良いんじゃないかなって。

岡田　ぼくは、実を言うと「保存」という言葉はあまり強調し過ぎないようにしています。もちろん保存はしているけど、必要以上にスタティックなものに捉えられてしまう気がして。「運動なのに……」と思っているわけです。

石原　レイ・エドモンドソンさんも「映画保存運動」とか「フィルム・アーカイブ活動」という言葉を好まれます。岡田さんもご存じの、韓国映像資料院の金峯影（キム・ボンヨン）さん曰く、「日本の映画保存がすごいのは、フィルムセンターだけでなく、関西には神戸映画資料館の安井（喜雄）さんがいるし、九州には松本（圭二）さん（福岡市総合図書館映像資料課勤務。フィルム・アーキビスト、詩人）がいて、あなたはあなたでこういうことをやっていて、全体像を把握しようものなら他にもいろんなところへ取材に行かないといけない」。たぶん良いところを見つけて褒めてくださったんですけど、「韓国映像資料院は規模が大きくなったけれど、それは政府の方針であって、映画保存の草の根運動が盛り上がってのことではない」と。韓国映像資料院も、同じ学校を卒業した呉聖智（オ・ソンチ）さんが働いているので、何度かお招きいただいたことがあるんですけどね。

岡田　私も韓国映像資料院には何度か伺っていますが、初めて行った時といまでは規模が変わってしまった。

石原　あの急速な発展を横目でご覧になって、いかがでした？（笑）。

岡田　羨ましかったです。韓国は、「これはやるべきことだ」と政府が決めると急にものすごい予算が付く国ですよね。それだけに、政権の方針に左右される面も大きいでしょうが。

石原　韓国の国立公文書館（国家記録院）の拡充など、盧武鉉政権の時に、フィルムだけではなく記録管理事業が一気に発展したんですね。

岡田　いま僕は、映画フィルム以外の資料（ノンフィルム資料）のアーカイビングに数年携わっています。それで日本全国の映画資料館を調べていて思うのは、草の根というか、いろんな場所にいろんな方がいるのだということです。その地域で生まれた映画人の資料を集めて公開している施設もあるし、個人で長年集めてきたものを市に寄贈して、市の施設として映画資料館を運営しているところもある。太田米男先生は、大阪芸術大学の教授であると同時に「おもちゃ映画ミュージアム」を京都で開かれています。

石原　岡田さんが編集に携わったフィルムセンターの「全国映画資料館録」がその調査の成果ですよね。

岡田　あれ、最新版では50館も載っているんですよ。でも、いまだに新たな発見があります(笑)。

石原　そういう映画文化の豊かさが、日本にもありますよね。

デジタル化とともに現物の保存を

岡田　最近、「保存するアーカイブ」と「使うアーカイブ」の距離のことをよく考えます。多くの人は利用者なので、使うアーカイブが便利だといいなと当然思うわけで、その意味でいま盛り上がりやすいのがデジタル・アーカイブですね。博物館・美術館・

全国映画資料館録2015

図書館を横断するような巨大サイトもできて、厖大な資料画像がアップされています。知的財産の活用が大きな議論になっている中、それは素晴らしいものだし、注目されるのも当然です。ただその前に「その元になる資料がどう守られているのか」「そういう保存事業のベースをいかに作るのか」が忘れられてはいけないと現場でいつも痛感します。最終保存アーカイブと使うアーカイブの両輪がなければいけないのですが、ともすると軽んじられやすい根っこの部分を大事にしなければと思っています。

石原　デジタル・アーカイブのおかげで、アーカイブズ全般が注目を浴びたのは間違いないですよね。どこの収集保存機関でもデジタル化に関心が向きやすいのは分かりますけれど、本当に重要なのは、地道な……。

岡田　デジタル化される前の、実物のアーカイブの方ですね。

石原　ええ。デジタル化はアクセス提供の可能性を広げますし、予算があれば着手すべき……だけど、みなさん分かっておられますよね、本当に重要なのは現物保存。専門職に就いている方たちは、そのジャグリングを巧みになさっていると思います。

岡田　映画で言えば、デジタル化の波が来てオリジナルのフィルム素材を使わなくなったので、それが宙に浮く。だから、いまこそフィルムがどんどん表に出てきている状況で、公開を云々する以前に大きな問題が現れているんです。まだまだ、可燃性フィルムが出て来ることもあるようですから。

石原　フィルムが見つかるのは良いことですけれど、残念なことにフィルムからフィルムへの復元が激減してしまいましたよね。海外の復元映画祭でもフィルム上映は少なくなっているようですが、やはり最終的に35ミリの上映用プリントまで作成してこそ復元ですよね。

岡田　私も基本はそうだと思っています。フィルムを全部スキャンして、傷や揺れを消すといったデジタル水準での作業をして、最終的にはフィルムという物質に戻す。これが本当の復元だという考えですけれど、いまはデジタルリマスターからＤＶＤができればよしとか、そういうレベルで終わってしまうことがありますからね。

文化財としてのフィルム

岡田　ともかく、映画フィルムは１２０年もっているわけです。フランスのリュミエール兄弟のシネマトグラフは約１４００の映像が存在しますが、当時の可燃性フィルムがほとんど残っています。これは、材質として優秀だということですよ。可燃性フィルムでも、残そうと思えば残せるものなんです。

石原　アメリカのエジソン社の作品もかなり残っていますね。

岡田　当時のアメリカでは登録をしないと著作権が認められなかったわけですが、エジソンの場合、初期の映画のかなり多くは、まだ映画を著作権登録する制度がなかったので、紙にプリントして「たくさんの写真が並んだもの」として登録先の役所に提出したわけですね。写真の登録制度はもうできていましたから。そのペーパープリントがずっと残っていて、後にフィルム本体がなくなっても、逆にその紙からフィルムにプリントしたものを現在も見ることができる。逆にいうと、もし可燃性フィルムのまま保管していたら残っていなかった可能性もある。

石原　エジソンの『くしゃみの記録』（１８９４年）の35ミリ復元版が２０１４年の「オーファン・フィルム・シンポジウム」で上映された時にも、ピアノの生伴奏が付いたんですよ。あらゆる無声映画に生演奏を付けるという、フィルム・アーキビストのこだわりに拍手喝采でした。

岡田　でも、あれはほんの数秒のフィルムでしたよね？

石原　最長版は7秒ですが、トップクレジットに続いて何パターンかをつなげていました。それでも30秒以下だったと思いますが。昨年（２０１５年）、その『くしゃみの記録』がナショナル・フィルム・レジストリー（アメリカ国立フィルム登録簿）の一本に選ばれましたね。人のくしゃみなんて、まあどうでもいい内容ですけれど、それが公式の文化財になった。

岡田　日本でも、公式にフィルムが文化財としての扱いを受けるようになってきています。２００９年に初めて、映画フィルムが重要文化財に指定されました。１８９９年撮影の『紅葉狩』という歌舞伎の踊りですね。その後も2つほど指定されました。映画とは複製される媒体ですが、当時の可燃性素材はそれだけの重要度が認められてきています。

石原　重要文化財の指定はもっと増えてほしいです。

岡田　そうですね。ナショナル・フィルム・レジストリーみたいに、毎年25の作品を殿堂入りさせるというやり方はかっこいいです。

若い世代がフィルムの価値を再発見

石原　そう考えても、アメリカは映画保存に関してはいろんなことがうまく噛み合って……１９８８年に法律ができてから、学校ができ、人材が育成され、復元予算を全米の収集保存機関に分配する仕組みも整って、映画が文化財として認知されていきます。どういう文脈でセルズニック・スクールのような学校ができたのかを調べると、やはりパオロさんの閃きだけではなく、真剣に映画保存を考えてゆく中で、それなりの必然性があったわけです。

岡田　あとは映画監督とか、映画を作っている人達の意識の高さもすごいですね。いちばん象徴的なのはやはりマーティン・スコセッシ監督で、「フィルム・ファウンデーション」を設立して映画の復元事業をしています。

石原　フィルムセンターで、最初に外国の監督特集で取り上げられたのがスコセッシですよね？

岡田　そうですね。私は直接知らない時代ですが、１９８1年です。

石原　その時にスコセッシがフィルムセンターで映画保存の大切さを訴える講演をしているんですね。それって、当時の日本の映画ファンにどう受け止められたのかなと思います。演説をぶってしまうなんて、きっとアメリカでは危機感が徐々に高まっていたんでしょうね。ユネスコ勧告（動的映像の保護及び保存に関する勧告）が採択された翌年でもあります。

岡田　もともとスコセッシは1970年代にカラー映画が褪色するという危機を訴え始めたと聞きますが、アーカイブの人間が叫び始める前に、映画監督自身が訴えたところが生々しいですね。

石原　「日本にもそういう人がいてくれたら」っていう話は、よく出るんですけどね。

岡田　そうですね、監督でも撮影の方でも……。いま、俳優の方では、香川京子さんがいらっしゃいます。私たちに撮影時のスナップ写真アルバムをご寄贈いただいたり、FIAF賞を受賞されたこともありますし、ご貢献はいつも感じています。

石原　一方で、日本でも海外でも、一部の若い人達がアナログ技術を面白がっているという状況もありますよね。2014年にインドネシアに行った時も、二十代の若い上映者が「現物のフィルムを残さないといけない、デジタル化したってすぐ消えちゃうんだから」と私にレクチャーしてくれて、頼もしかったです。

岡田　映画がデジタル化するとフィルムは出番がなくなって、見られる作品の幅が狭くなるんじゃないか……。そんなことを考えると暗い気持ちにもなりますが、一方でそういう人達が出て来ているというのは、逆にそれ以前には考えられませんでした。フィルムを扱える人は、だんだんと年配の方だけになると思っていたんですけれど、実際はそうなっていません。家庭で撮影された8ミリフィルムを見たい人

ユネスコ世界視聴覚遺産の日（毎年10月27日）記念手ぬぐい（デザイン：相曽晴香）

たちのために、技術的な環境を整えている若い人もいますよね。

石原 10年前は、往年の8ミリ愛好家の皆さんのお力を借りて上映していましたが、今は若い人達が「先生」ですね。

岡田 去年の9月にキューバに行ったんですけど、8ミリキャメラを何台も持っている青年が「キューバに行くなら持っていってください」とカメラを託してくれまして(笑)、向こうで風景を撮ったんですね。それを、彼の自宅のガレージで自家現像して、その場で白い壁に映写してみんなで楽しみました。フィルムもまだまだ楽しむ余地があるんだと痛感しましたね。

第2章

フィルム・アーカイブの眼

映画は密航する

映画の中で、人はよく旅をする。例えば「ロード・ムービー」と呼ばれるのは旅自体が映画になってしまったものだが、試みた人はかなり多いらしく数えたらきりがない。また映画の歴史の中では、映画を作る人たちも越境してきた。ナチス政権を嫌ったフリッツ・ラングは大西洋を東から西へ、「赤狩り」に遭ったジョセフ・ロージーは西から東へ逃げていった。許泳＝ドクトル・フユンは生地の朝鮮半島から日本を経由して南のジャワ島へ向かい、マリ人スレイマン・シセは映画を北のモスクワで学んだ。その人間の移動が各国の映画作りを刺激してきたことは、今さら強調するまでもない。だが、旅をするのはそれだけではない。作られた映画自体も、旅をするよう本質的に運命づけられている。そしてその旅は時に果てしないものになる。

1998年10月。那覇空港に着くと、取るものもとりあえず山里将人先生の所に駆けつけた。先生は電話で「タクシーには『ふくろうマークの山里外科』と言えば分かりますから」とおっしゃっていたが、それを運転手に告げると、少し悩んだ後、低く「ああ」と一言、車を走らせ始めた。15分ほど走ると、ふくろう印の病院は坂の途中にあって、午前の診療はもう終わりだというのに待合室には患者があふれていた。その中を奥まで通されてみると、見るからに精力的な先生の姿があった。県の体操協会会長であり、日本プロボクシングコミッションのドクターでもある先生のもう一つの顔は、沖縄最強の映画ファンである。俳優の顔と名前が一致するよう親から「テスト」までされたという家の育ちで、若い頃は那覇で劇場通い、医学を志した東京ではさらに映画三昧。だから、映画の話が尽きることはない。お土産に、先生が去年「琉球新報」に連載された「歳月は流れて五十年　戦後沖縄映画興行史発掘」全50回のコピーをいただいた。それはのちに「アンヤタサ!　戦後・沖縄の映画1945―1955」(2001年、ニライ社)という素晴らしい単行本に結実することになる。

私が先生を訪れたのは、生き残った戦前のフィルムを寄贈したいとの申し出を受けたからだ。フィルムセンターの名は、沖縄を訪れた映画評論家の佐藤忠男氏から聞いたという。散逸した映画資料を収集、復元するという仕事柄、信憑性があるならば持ち主のもとを訪れ、現物を確認しなければならない。あらかじめ聞いていた通り、フィルムは地元の興行会社、琉映株式会社の倉庫にあるという。琉映の取締役というのも、先生の肩書きの一つである。琉映本社は、那覇の古い歓楽街である桜坂を登った高台にある。自らの映画館「桜坂シネコン琉映」のビルの中に事務室があり、支配人の方が倉庫から件のフィルムを出してきた。今は「桜坂劇場」としてリニューアルされ、新たな活気に満ちているが、「桜坂琉映」のさわやかな、だがどこか物憂げな佇まいはいまだ忘れられない。

それら35ミリフィルムの中には、固化して一つの塊になってしまったものも多かった。こうして剥がせなくなったフィルムは、どうやっても復元不能である。硝酸セルロースを主成分とする可燃性フィルムは、化学的に傷むと鋭い刺激臭がする。諦めねばならないフィルムの方がずっと多かったが、復元できるフィルムとそうでないものを区別して東京に送るものを決めた。これらの多くは、地上戦で壊滅した沖縄がアメリカ軍政下で復興の途上にあった頃、台湾から流れてきたものだという。日本の敗戦により、八重山諸島の西端である与那国島と台湾の間に国境線が引かれたが、それでも娯楽を求めた沖縄の人々は、台湾で上映されていた日本映画や映写機を密貿易によって与那国へ運び、やがてそれは島伝いに沖縄本島に届けられた。アメリカ軍政下琉球における密貿易の姿を生々しく描き出した石原昌家の「大密貿易の時代　占領初期沖縄の民衆生活」(1982年、晩聲社、2000年に「空白の沖縄社会史　戦果と密貿易の時代」として再刊)には、残念ながら映画フィルムの輸送をめぐる記述はない。だが、私は深夜の東シナ海の、どこかの島の沖で近づきあう二つの船を思い浮かべることができた。そこでは、米軍艇の取り締まりに遭わないようできる限り光を小さくし、基地からくすねてきた米軍物資を、船底に隠された日常の生活物資や、時には映画フィルムと交換する海の男たちがうっすらと見えた。あの頃、生きるために密貿易は不可欠であった。そして人はこれほどまでに映画も求めてきたのだ。

誰も知らないフィルムの栄光

東京へ戻って、送り先の現像所・育映社でチェックをしてみると、伊藤大輔の傑作『御誂治郎吉格子』(1931年)のうち2リールとか、『海の母』(1942年、伊賀山正徳監督)の1リールとか、つまり完全に巻が揃う作品はほとんどなかった。時代劇が中心だったが、戦後のやや怪しげな文化映画もあった。状態で選別した結果だから、断片でもやむを得ない。それでも、フィルムの正体を突き止めることで、フィルム自身が望んだわけではない旅のことを考えることはできる。特に1931年の無声映画が交じっていたことは、その旅の途方もない長さを思わせる。東シナ海のことを思った。夭折の俳人、篠原鳳作の句「しんしんと肺蒼きまで海の旅」を思い出す。宮古島の教師だった鳳作が詠んだきらめく陽光の海には強い印象を受けたが、不覚にも、夜の東シナ海に馳せる想像力は持ち合わせていなかった。フィルムは夜の海も漂っただろう。半世紀も遅れて、ようやく検証されつつある唯物論の旅。そこからの残響は、いまだに私の内部に強く残っている。

『御誂治郎吉格子』は、役人に追われながら、恋に身を焼く鼠小僧次郎吉の顛末を描いた悲痛なドラマだ。治郎吉(次郎吉)は大坂に逃げ延び、やがて御用提灯に囲まれながら家々の屋根の上を駆けてゆく。だが、治郎吉の映画はさらに遠くへ行った。興行者に抱えられて海を南に渡り、多くの在留日本人が住む台湾へ上陸する。そこで上映された後は、戦後になって与那国へ、そして沖縄本島へと東進していった。映画は流れる、西へ東へ。このフィルムの「海の道」のことは、日本映画史の本のどこにも書かれていない。だが、どこにも書かれていないことが、このフィルムたちの栄光なのだと思う。

私は映画のアーカイブに勤め始めた頃、失われた映画は、残された文献を通じてどんな映画だったのかを知るしかない、と教えられた。不明な点の多いフィルムの素性を、ドキュメンテーションによって明らかにしてゆくというセオリーである。実際、ナイトレート（可燃性）素材で作られてきた初期のフィルムより、紙媒体である映画雑誌やスチル写真の方が残りやすいのは確かだ。そこから想像力を働かせ、失われた映画の姿を偲び、あるいは見つかったフィルムの謎を解いてゆく。だがここにあるのは、何らその存在を裏づけてくれる文字を持たない、〝絶対の孤独〟を背負ったフィルムだ。闇から現われ出た、そんな孤立無援のフィルムは、どこか神々しい。ドキュメンテーションを頑として拒む、その姿に魅入られたまま、襟を正すよりなかった。

映画は二度生まれる

東京の江古田に、育映社という映画の現像所があった。江古田の南口商店街を行き、ある角を左へ曲がると古めかしいビルが見えてくる。いかにも私鉄沿線の町工場という佇まいである。内部には、現像機や焼き付け機が所狭しと並び、ほうぼうから持ち込まれた映画フィルムの缶が床や棚に積み重ねられている。日本の映画現像業界は、つい最近まで、長らく「逆三角」のかたちを成していた。つまり、三つの大手会社、二つの中堅会社、そしてこの一つの「町工場」である。育映社の歴史は戦後すぐにさかのぼるが、私が知っているのは、創立者である先代の宮本亀之亟氏のご子息の勝博氏が社を率いていた時代の、いちばん終わりの頃だ。育映社の仕事は、大手映画会社の発注による新作映画のフィルムの大量複製ではない。むしろ、技術的に煩雑で工程の込み入ったものが多く、戦前期に流行した9.5ミリフィルムの35ミリ素材への拡大複製《ブロー・アップ》もこの頃はここでしかできなかった。また、大きな現像所も匙を投げるような状態の悪いフィルムも、大抵は育映社に持ち込まれたという。それを、宮本社長と、現場を一手に背負っていた技術部長の今田長一氏は、自分らにしかできないことだからと積極的に引き受けていた。このお二人は、映画用生フィルムの歴史という先の見えないテーマを調査しようとしていた当時の私にとって、業務上のお付き合いを超えて、いわば導きの師のような存在でもあった。同社は8ミリフィルムの日本国内最後の現像所として活躍していたが、社長もすでに鬼籍に入られ、2005年には現像所としての役割を終えた(その後国内における8ミリフィルムの現像は東京錦糸町の「レトロ通販」が引き受けている)。

映画フィルムのリサイクル

「再生フィルム」というものの存在を教えてくれたのは、その宮本社長であった。映画のフィルムは一度使ったら終わりなのではなく、時に膜面を洗い流して、もう一度使うことがあったという。そのお話に身を乗り出した私に、社長は「再生フィルム」の製造に携わった日本最後の会社「高橋写真フィルム研究所」を紹介してくれた。2000年の春のことである。77歳の令兄とともに東京の東久留米でその時も操業中であった、当時71歳の高橋清氏をお招きして、その歴史をお聞きすることができた。

お話は、若くして写真乾板の研究を志し、1919年に東洋乾板株式会社を興した尊父、高橋慎二郎氏のことから始まった。のちに富士フイルム(最近まで正式には「富士写真フイルム」

といった）の母体となる大日本セルロイド（現ダイセル）が東洋乾板に目をつけて出資するが、慎二郎氏は独立を志して1928年に退社、1931年には工場を建設して、これが高橋フィルムの始まりとなる（なお東洋乾板はのちの1934年、創立したばかりの富士写真フイルムに合併される）。

再生フィルムは、新品のフィルムと比べると、いわば日蔭の製品である。もちろん慎二郎氏が作りたかったのは新品のフィルムだった。しかし、政府から大量の助成金を得て設立された富士フイルムのような大会社が生まれると、新品フィルムを製造しても競争に勝てる目算はない。高橋はフィルムに塗布する乳剤（エマルジョン）の専門家ではあったけれども、塗布する先のフィルムベース（フィルムの本体部分）を製造することはできなかった。何千フィートの長さにわたって一定の正確な薄さを維持するプラスチックの製造、それはまだ富士フイルムでさえ悪戦苦闘中の技術だったのだ。フィルムベースの製造こそ、彼の研究分野を写真から映画に変えさせた情熱の源だったが、そこを突破することはできず、結局フランスからフィルムベースを輸入して「半分自前」のフィルムを製造することとなった。そして、1935年には再生フィルムの製造にも着手することになり、戦争の影響でフィルムベースの輸入が難しくなると、もっぱら再生フィルムの製造だけでしのがざるを得なくなった。それは父にとって本意ではなかったと清氏は語ったが、どうやら商売としては軌道に乗ったらしく、以後再生フィルムは高橋フィルムの主力製品となってゆく。その証拠に、上映用のポジフィルムだけでなく、フィルムの販売先から頼まれて、再生フィルムで撮影用のネガフィルムまで造ったこともあったという。

だが、そこには落とし穴があった。高橋の再生ネガフィルムから「ゴースト」が出てしまったのだ。「ゴースト」とは、撮影していない画像が現れること、つまり元の膜面をすべて洗い落しても、もともとあった像が目に見えない潜像としてベースに残ってしまう現象である。分かりやすく言うと、例えばモダンな現代劇の人物の背後に、髷を結ったお侍がシルエットのように浮かんでしまうわけである。それは、洗浄の後にベースをよく見ても、肉眼では分からない。そのベースに乳剤を塗り、現像して初めて画像として現われる。のちには潜像中の銀分子を析出させる技術を開発、不良ベースを発見できるようになったし、機械洗浄を導入して「ゴースト」自体の根元をシャットアウトできるようになったが、長い間これは再生フィルム最大の弱点であったという。

その一方で、再生フィルムには一つのうまみがあった。上にも書いたが、フィルムに塗られる白黒画像の乳剤には高価な銀が多く使われている。つまり、前の乳剤を洗い落とす時に銀を回収できるのだ。従って再生フィルム製造者は、大抵の場合、銀の製錬業者とのつながりを大切にしていた。実は、現代のフィルム・アーカイブの視点からは、この銀の売却というまみがあったことが、多くの貴重な映画作品を失う理由にもなったといえる。それを今の人間が否定的に語るのはいとも簡単だが、その頃、映画が回収に値する魅力にあふれた素材だったこと、それは間違いのない事実である。このことも、私たちが苦みとともに受け入れるべき映画史の一頁だ。

第二次世界大戦後、慎二郎氏の二人の子息が事業に参加した。父はやはり再生フィルムを本業とすることに反対したが、事業の安定した継続のため、息子たちの説得を呑んだ。その後の日本は、言うまでもなく日本映画の黄金時代に突入する。素材となるフィルムは、大手映画会社の上映フィルム倉庫にたっぷりある。早々と事業を再開した同業の数社がすでに東宝・大映・東映の出入り業者となっている中、後発として、高橋フィルムも映画会社から上映の終了した屑フィルムを買い取るようになった。

コケた映画が最高のフィルム

再生に最も適したフィルムは、皮肉なことだが、ヒットしなかった映画である。大当たりした映画は何度も映写機を通っているため、切断個所《スプライス》やすり傷《スクラッチ》が多くて再生には向かない。長さでいえば、一般に３００フィート以上のものが再生の素材に選ばれたという。当たらなかった映画は大体タイトルで分かるし、各社倉庫の上映フィルム管理担当の人から「これはあんまり（映写機を）通ってないよ」と教えてもらえる。受け取る時も、題名別にまとめて受領すると、あとで選別がしやすい。そうして再生フィルムは、日本映画が最盛期に近づいた１９５７年に業界全体で月産１８０万から１９０万フィートの生産量を誇り、高橋フィルムも同じ年に株式会社に改組された。製造されたフィルムは主に、劇映画の前座として上映されていたニュース映画に用いられた。例えば、高橋の製品は『読売国際ニュース』『中日ニュース』『メトロニュース』『フォックス・ムービートーン・ニュース』などに用いられたという。

さて上記の製造量は、一体どの程度のものなのだろうか。ニュース映画の毎号の長さを約10分(900フィート)とすると、単純な計算で年間約2万4000本分のニュース映画用フィルムを作ることができる。1年を52週間とすれば、毎週460本の上映プリントが再生品で賄えたことになる。一般に再生フィルムは、富士フイルムなどの新品(その中にも品質別にA品・B品・C品があり、そのA品を指す)の半額から60%の価格で取引された。これがニュース映画業界にとってどれだけ魅力的だったことかは想像に難くない。そして、このリサイクルでフィルムをどれだけ節約し、処分量を減少させたことか。再生フィルムは、映画界のはざまに咲いた小さな大産業であった。

そして、再生に使えないフィルムはどうなったのか。清氏によれば、再生に使えるのは、実は屑フィルム全体のごく一部だという。使われないものはやむなく廃棄《ジャンク》されるが、ジャンク専門の業者がいくつも存在したほどその量は膨大だった。まずナイトレート・フィルムの時代は、硝化綿塗料の代わりに融かしたフィルムが塗料として使われた。不燃性のアセテートになってからは、非常に細く切って梱包用のパッキング材料に、あるいは椅子のクッション材にも化けた。椅子というのは国鉄の列車の座席のことで、それには35ミリフィルムを縦に100本に裁断して15センチ程度の長さに切ったものが適したという。私たちは旅をするとき、先日観た映画の上に腰かけていたのかも知れない。梱包材料にする時は画面を洗い落とす必要があったのに対して、座席のクッションの場合はそれが要らないためかなりの量が出荷されたが、ある列車火災の際にこのアセテート・フィルムが燃える臭いが強烈だったため、以後は使われなくなったという。さらにその後は、インドで宗教上必要な腕輪(バングル)の材料にもなったというが、ここまで来ると、具体的な姿として想像もできないほどだ。だが、これらも紛れもなく「私たちの映画」の姿なのである。

その他にも、高橋フィルムは裁断機《スリッター》や穿孔機《パーフォレーター》を導入し、輸入した新しいベースからもフィルムを製造、上映用だけでなく編集用などの製作材料となるフィルムにも力を入れた。フィルム本篇の外側に巻かれるいわゆる「白味」フィルムや、数字のカウントダウンによって上映のタイミングを示すカウント・リーダーなどだ。ニュース映画が下火になる1970年代になっても、同業者のように工場を閉鎖しないで済んだのは、このように業界のニーズに合わせた多彩な商品を売り込めたからだという。

こうして、日本の再生フィルムのパイオニアとして生まれ、映画産業の興隆と斜陽化、フィルムベース材質のナイトレートからアセテート、さらにはポリエステル(PETボトルと同じ材質)への変化、1979年の第2次オイルショックと同時に訪れたシルバーショック(銀の大幅な価格上昇）など、さまざまな環境変化を乗り越えてきた高橋フィルムは、２００４年８月、東久留米の工場を閉鎖、会社としても解散した。今はその面影を残すものはない。育映社の現像所閉鎖は、その翌年のことである。

この高橋清氏のお話を、フィルムによる映画を日々失いつつある私たちはどのように受け止めるべきだろうか。日本人の「もったいない」感覚を示すまた一つの挿話として片付けるのでは、それこそもったいない。むしろ、映画フィルムの誕生から死までを見据えながら、その途中に「再生」という奇跡的なフェーズをひっそりと導入した高橋フィルムとこの業界の存在は、日蔭の産業というイメージを超える新鮮さで私たちに迫ってくる。それは、フィルムそれぞれが一つの〝生命体〟であったことを教えてくれるからであり、その〝生命体〟を深く知る人々によって、その誇りに見合う扱いを受けてきたことが痛いほどに感じられるからだろう。映画は死んで、時にもう一度生まれる。

観たことのない映画に惚れた話

２００３年の春、「トルコ映画の現在」という上映企画に携わるよう指示された時、実を言えばどうにも気乗りがしなかった。「日本におけるトルコ年」という外交ベースの文化事業として成立した企画なのだが、こちらはトルコ映画と言われてもせいぜい巨匠ユルマズ・ギュネイの作品ぐらいしか観たことがない。またそもそも、わが上映施設の第一の使命は、まず和洋の古典映画を公開当時の環境にもっとも近い形でお見せすることであり、新作の紹介など副次的な仕事にしか思えなかったのである。しかも、上映作品はすべて本国で選定済みであった。

そんなことを独り呟きながら、トルコから送られてきた英語字幕付きのビデオを片っ端から観ていると、果たしてにわかに燃え立つものが心中に高まってきた。作品のどれもが目を見張る秀作だという訳ではない。ただ、やたらと粘り気のある人情喜劇がある。髭面の男た

NFCカレンダー2003年10月号
トルコ映画の現在

ちの顔つきに、やくざ映画の長い伝統を想像させる犯罪譚がある。エリック・ロメールの同名の映画とはまったく無関係に、中年男女が水平線の果てに「緑の光線」を見るというSFファンタジーがある。近年は、伝統的なジャンル映画から離れて、切り詰められた文体の中にロベール・ブレッソンを思わせるタッチを持つ監督さえいたりする。これらたった10本の映画の背後に、とてつもない大水脈の存在を感じたのだ。

大抵の国の特集では、専門家の助けを仰ぐ手間や費用を考えれば、自前で文字の発音規則ぐらいは覚えることにしている。早速いつものようにトルコ語の教科書を買ってみた。言語の習得などは最初から諦めているが、少なくとも人名のカタカナへの置き換えだけは独習しなければならない。これまでインドネシア語もスペイン語もロシア語もハングルも、そこだけはどうにかクリアしてきた。そこの映画史の形を最低限でも見極めるには、少ない文献も漁るしネットサーフィンも無力ではない。そしてトルコ芸能界におけるスターたちの位置や序列については、在京の大使館を訪れて職員の方に伺い、どうにか作品解説を書けるところまで漕ぎ着ける。この国民的コメディアンは森繁久彌級、スキャンダルの多いこの歌手出身の女優はさしずめ……、とごく大ざっぱに把握しながら。

日本映画がそうであったように、ある時代までのトルコ映画は純粋な〝ナショナル・シネマ〟であった。一国の中で作られ流通し、その国の民衆の間だけで消費されることを運命づけられている、日常的な「ただの映画」。他国では知られる由もないスターが君臨し、職人監督たちが絶えず新作を送り出す。そんな〝ナショナル・シネマ〟のありようを、別の国から覗き見ることは実に楽しい。トルコ映画の黄金時代は1970年代であり、1972年には実に299本もの映画が製作されている。一度のロケーションで2本を同時に撮るようなウルトラ低予算の作品も多いというが、そんな戦前のマキノ正博を想起させるような環境を持つ国だからこそ、傑作が含まれていないはずがないと思う。〝ナショナル・シネマ〟には、「量」が「質」に転化する瞬間がある。「トルコの鈴木清順」がいたりしないのだろうか、と夢想する。そして、どうして今までそうした関心を自分は欠如させてきたのか。

〝すべての映画〟を夢想する

思えば2003年頃にはまだ仕事の流れに余裕があり、東京中のトルコ料理のレストランに電話入れをして広報物を置いてもらったり、トルコ航空に直接掛け合ったりするような、手作りの企画運営もまだ成り立っていた。本国との連絡には随分苦労し、あちらで日本語字幕を入れてくれるというのでハラハラしながら待っていたら、とんでもない翻訳が焼き込まれていて、半泣きになって再度無字幕のプリントをトルコから送らせ、国内の字幕会社に依頼するという事件もあった。しかし10月になりいざ始まってみれば心配は無用、春に仕事を引き受けた時のやるせない気分を考えれば、予想外の好成績で幕を下ろさせたのである。

しかし今、このような企画を再び実施しようにも、環境はやや厳しくなっている。国内の映画祭も減ったり縮小されたりし、商売とは無縁の上映に対して世の中は暖かくない。それでも、世界のさまざまな社会や民族が編み出した、映画の多様なシンタックスに触れる機会は可能な限り押し拡げられなければならない。そのような企画は、〝映画を通してこの国を知ろう〟という水準で終わりはしない。革命キューバでなければ映画人として認められなかっただろうサンチャゴ・アルバレスが、いかにそれ以前のドキュメンタリー映画の通念を破壊したかを考えてみればよい。映画の多様性がもたらす未知の衝撃は、未知の映画を観続けることでしか味わうことはできない。

映画のアーカイブに属していて身体のすみずみまでしみ込んだのは、映画を選別しないという思想である。日々、映画フィルムに埋もれている職場で、すべての映画が等価であることを実践的に学んできた。しかしこの考え方は、選択を前提とする上映という活動とは当然ながら相容れない。それでもアーカイブ上映である以上、選別こそが使命である批評とは異なるものを実現しなければ、という意識でプログラミングに臨んでいるのも事実である。映画アーカイブは〝すべての映画〟という大それた観念をいつも抱いているものだが、当然ながらすべての映画に出会うことはできない。にもかかわらず、未知の映画こそがもっとも観られるべき映画であり、素晴らしい映画でさえある、という確信を疑ったことはない。観たことのない映画を批評することはできないが、あらかじめ惚れることは可能だ。私が選んだわけではない10本のトルコ映画は、そんなことを教えてくれたのである。

いまなぜ映画館が必要なのか

かねてから、子どもたちに『ドリーの冒険』(1908年)を見せたいと考えていた。まだ長篇映画という概念さえなかった時代に撮られた、〝映画の父〟デヴィッド・W・グリフィスのデビュー作である。その後、無声映画の語りの常套手法となってゆく挿入字幕《インタータイトル》さえここには存在せず、題名・製作会社名・社の住所(!)が記された冒頭の画面を除けば、言語は一切使われていない。両親からはぐれた小さな女の子が、馬車を根城にする移動生活者にさらわれて樽の中に詰められるが、やがて樽は川に落ちて水上をごろごろと流され、川下の岸で女の子が救出されるというだけの短篇である。それはいま、あたかも自分の目の前で映画が生まれつつあるような生々しい感触を与えてくれた。そしてその感触を子どもたちも必ずや共有してくれるだろうと信じた。

折しも、フィルムセンターの映画教育事業「こども映画館」を見直そうとする時期であった。あらかじめ「子ども向け」と冠のついた映画を見せて済ますのではなく、映画の楽しさとその原理を、語りを交えて伝えるようにプログラムの構成を大幅に変えることにした。もとより、子どもたちに語りかけるプロフェッショナルではないが、それでも手探りでやってみるしかない。

やがて夏休みになり、この作品を上映してみると、小学校に上がる前のドリーちゃんぐらいの女の子が激しく泣き出した。驚いたお母さんは上映ホールから彼女を連れ出してなだめた。無理もないだろう、こんな闇の中で、樽に詰められる女の子を目撃して恐ろしくないはずがない。だがその一方で、彼女はこの瞬間、剥き出しになった映画の原理を全身で受け止めていたのだ、と確信もしていた。それは何かの通過儀礼のようにも思われた。そして再びホールに戻された彼女は、次の映画、ノーマン・マクラレンの『算数あそび』(1956年)が始まるや、泣くのをやめて、スクリーン上の数字や記号が勝手にデタラメな式を作り出すのを夢中で見つめ始めた。「ちがう、ちがーう!」と笑い叫ぶ小さな観客たちの一人として、彼女はあっと言う間に暗闇になじんでいった。

他人と一緒に見る夢

そんな経験をしてからというもの、街の映画館でも「この映画を子どもたちに見せたいか?」を考えずにいられなくなった。例えばユーリー・ノルシュテインのアニメーション『アオサギとツル』(1974年)を観れば、高学年の子たちと恋について話をしたくなる。いやそれだけではもったいない。いずれは「横移動撮影はアオサギの恋心をどの程度伝えられるか？」を語れる日が来るのかも知れない。

もともと映画鑑賞とは、隣席に家族がいようが恋人がいようが、自分とスクリーンとの一対一の体験でしかない。そのことは、年に数百の映画をスクリーンで観た経験のある方になら難なく理解されることだろう。その孤独感を抜きにして、映画を自分の生活に取り入れることはできない。にもかかわらず、いま考えずにはいられないのは、映画館の暗闇の中で、互いに面識のない人々が同じスクリーンを見つめているという単純な事実だ。その一年後、夏休みの企画「こども映画館」で、とっさに子どもたちにこんな言葉を語りかけてみた。「映画とは何でしょう？　それは、暗闇の中で、知らない人たちと一緒に、おんなじ夢を見ることです」。ほとんど思いつきのような一言だった。

言うまでもなく、現代の子どもたちは、何気ない日常を送っているだけですでに圧倒的な量の映像体験に晒されている。テレビでもインターネットでも構わない、それら映像の大半は、ひとりひとりが分断された場で享受されている。映画を「コンテンツ」なる言葉に格下げし、その享受の形式を問わない思考は、こうした分断の思想を手助けしてしまっているのではないか。だから、DVDで鑑賞することを誰もが「映画を観る」と言ってはばからない現在、それでも映画館の闇に意義があるとすれば、それは生活環境もまったく異なる、互いを知らない人たちがスクリーンに向かっているからだろう。確かに映画館に行けば、他の来場者など目に見えない存在であってほしい。なのに一方で、自分以外誰もいない映画館をひどく恐れていることにも気づく。映画は誰だか知らない他人と共有されなければならないのだ。学生時代、場内が煙草くさい盛り場の小屋でフィルムが傷だらけの仁侠映画を観ていて、映画内と似た世界に住んでいるであろう方から愉快な俳優論を拝聴したことがあるが、そもそも映画館とはそういう無政府的な空間である。だからいま、大画面で美しい画質と迫力ある音声が享受できるから、という発想でしかスクリーン上映の価値を説明してこなかった自らの不明を恥じている。

当然ながら、子どもたちにはそれぞれの作品の美質を感じ取り、あわよくば俳優や映画作家の名前も覚えてほしい。だがそれ以上にかけがえがないのは、そうした映画の上映場所にまつわる「コンテクスト」である。それはお出かけ、ポップコーンといった個人的な「映画体験」の感覚をも超えるだろう。もちろん複製物の投影でしかない映画を観たところで、ある種の演劇やロック・コンサートのように、観衆の感情が一つのグルーヴを共有することはない。それでも映画は、観衆同士が「連帯なき連帯」の関係を結ぶことで、これまでその「コンテンツ」の水準を保持していた、とは言えないだろうか。

ビデオ・ソフトの発売とともに金銭で映画を「所有」できるようになって以来、人間は共にいるべき他者を手離していった。だが映画館の暗闇は、存在そのものが社会の分断に抵抗しているように思われる。「こども映画館」で、闇を共有する子どもたちを映写室から眺めるのはいつも楽しい。そう、大人たちだって、例えば『旅芸人の記録』を観た後、あのもの言わぬ民衆の行進のように、互いを見知らぬまま一つの広場に向かって歩み出しても構わないのだ。

ジョナス・メカスの映画保存所に行った

※本稿は2005年9月の訪問に基づくものである。

私にとってものをつくること——芸術作品、映画あるいは絵画または音楽と呼ぶことができますが——と、それをほかの人と分かち合うことのあいだには何の違いもありません。そして分かち合うためにはそれを保存しなければならない——それ以外にどうしてほかの人と共有できるでしょうか。だから私は映画をつくり、そしてほかの人によってつくられた映画やその他の芸術作品を観ます。そしてもしそれらを好きになり、気分を駆り立てられるならば、ほかの人と分かち合いたくなる。またそれらが失われようとしているならば、保存するためにあらゆることをしなければならない。それがアーカイヴ作業の役割です。もし自分がなにかを好きになれば、私はそれを分かち合いたいわけです。自分ひとりだけで見ても、幸せにはなれません。(…)そしてほかの人との分かち合いには、それがなんであれ、自分の愛するものを管理し保存することが関わってくるのです。

（ジョナス・メカス）【註1】

メカス、もう一つの横顔

壁の貼り紙に目を留めない限り、この威圧感ある煉瓦造りの建物の中で、世界の実験映画が保存され、入れ代わり立ち代わり上映されているとは誰も気づかないことだろう。２００５年の9月15日、ニューヨーク、マンハッタン島南部にあるアンソロジー・フィルム・アーカイブスを訪れた。１９７０年12月に映画作家ジョナス・メカスが創立し、現在も彼が所長を勤めるこの映画アーカイブは、前衛映画や個人映画、世界のインディペンデント映画を中心に収集と保存、上映を行っている世界でも貴重な組織である。同じニューヨークで、近代美術館（ＭｏＭＡ）の映画・メディア部という世界的な大手アーカイブが映画史のメインストリームを志向してきたのに対し、アンソロジーは〝もう一つの《オルタナティブ》〟映画芸術を顕揚し、いわばＭｏＭＡとの間で互いを補完する活動を展開してきたと言える。

国際フィルム・アーカイブ連盟（ＦＩＡＦ）の準会員であり、映像アーキビスト協会（ＡＭＩＡ）の会員でもあるアンソロジーだが、その資金的な基盤は満足と言えるものではない。現在、米国芸術基金（NEA）、ニューヨーク州、ニューヨーク市や複数の映画企業の支援を受けてはいるが、メカス自身、長年国内外のあらゆるところで支援を呼びかけ続けてきた。自前の収入増加にも苦心を重ねており、入場料収入とならぶ柱となっているのが、メンバーシップと寄付の制度である。個人・二人一組・学生のメンバーシップのほか、映画保存を直接の目的とする大口の寄付制度も作られた。

何よりも、いまや神話的ともいえる一人の映画作家を活動の中枢に抱き、作家自らがその先頭に立っているという運営形態が世界のアーカイブの中でもほとんど例を見ない（ニューヨークにいる限り、ほぼ毎日出勤しているそうである）。だが、そもそもメカスにとって映画を作ることと、見せること、論じること、保存することとは別々の理念に属する仕事ではない。彼がこうした理念を抱き始めたのは、1949年、リトアニアから難民としてアメリカにたどり着き、映画キャメラを手にした時からである。1955年に雑誌「フィルム・カルチャー」を創刊、1962年には「フィルムメーカーズ・コーペラティブ」を組織して個人映画の自主配給に乗り出し、さらに「フィルムメーカーズ・シネマテーク」を根城に上映活動へと仕事の幅を広げる中で、〝産業〟とは無縁なこの分野の映画をいかに守るかという問題に突き当たっていった。アンソロジーはその延長線の上に、彼の映画思想のなかでごく自然に着想されたアーカイブなのである。

このいかめしい建物はかつて裁判所だったもので、窓の鉄格子など、所々に留置場らしき造りをとどめている。アンソロジーは、創立以来2回の引っ越しを経て1979年にこの「裁判所」を入手、全面的なリニューアルの結果、1988年10月に2つの劇場、資料室、保存部門、事務室、展示室を備えた本格的な映画施設として開館を果たした。そこへ至る険しい道のりはいまや語り草となっているが、計画に賛同する著名アーティストや、世界に散らばる友人たちの援助が大きな役割を担った（日本でもイメージフォーラムなどを中心とする「映像美術館建設賛助計画」が発足した）。映写技士と劇場受付を除く常勤スタッフは10名で、ほかに映画研究者やインターンも積極的に受け入れている。事務室で飼われている猫や、四方の壁面にチラシやポスターを散りばめたメカスの執務室は、このアーカイブ独自の親密さを保証しているように思われた。

前衛・個人映画のメッカとして

上映は200席の裁判所劇場《コートハウス》と75席のマヤ・デレン劇場の2つで行われ、いずれも35ミリや16ミリはもちろん、8ミリ、スーパー8ミリ、各種のビデオ・フォーマットにも対応している。劇場はスタッフによるプログラミングだけでなく、ゲスト・キュレーターを迎えての企画や小規模な映画祭にも門戸を開く。とりわけ、アンソロジーならではの特筆すべき企画が「エッセンシャル・シネマ」と呼ばれるプログラムだ。アンソロジー創立後の数年間をかけて独自の「選考委員会」が選定した、世界の前衛映画史を俯瞰する約330作品のコレクションがレパートリー方式でいつでも規則的に上映されており、アンソロジーが編み出した映画芸術の〝定義〟を半永久的に発信し続けている。

またアンソロジーの映画保存活動は、1972年にインディペンデント作家たちの作品の保存プログラムに着手したことに遡る。スタン・ブラッケージ、ジョゼフ・コーネル、マヤ・デレン、ブルース・ベイリーといった錚々たる映画作家たちのフィルム素材を収集、ネガフィルムやマスター素材への転写を行うことで、作品を散逸から守ってきた。建物内の「低温保存庫《コールド・ヴォールト》」には貴重なオリジナル素材を収めた保存棚が並ぶが、もちろん上映と同じく、フィルムとビデオそれぞれの多様なフォーマットを一手に引き受け

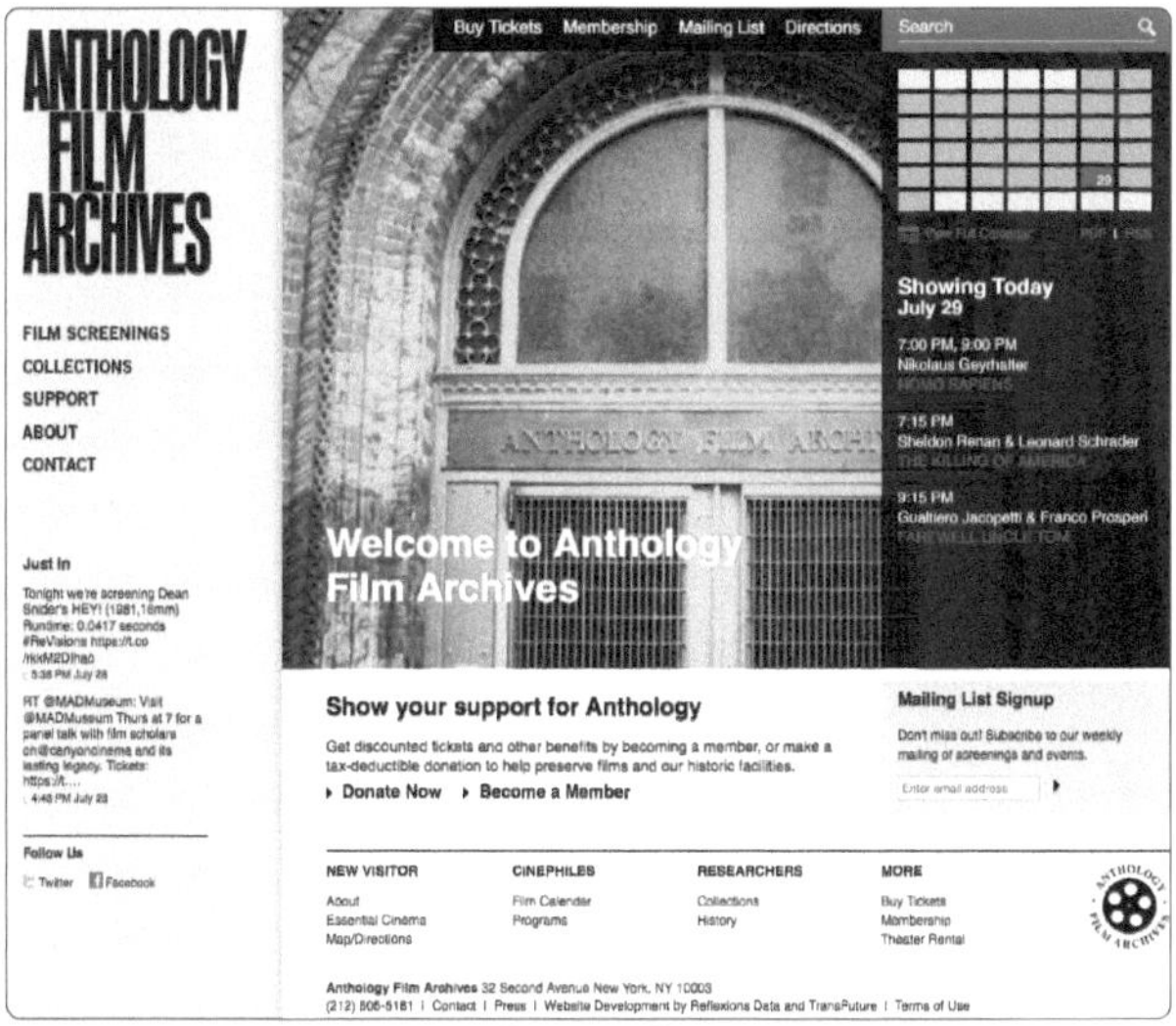

アンソロジー・フィルム・アーカイブスのウェブサイト

ている。保存庫内で、すべてのフィルムを映画作家別（アルファベット順）に配置する方式は世界的に見ても類例がなく、あくまで個人作家の仕事を顕揚するアンソロジーの思想が濃密に現れている。よって、所長であるメカスの作品は保存庫中央部の「M」の場所にあるが、この棚ではメカス本人が今も自作の整理を続けていて、他のスタッフは立ち入れないのだという。

アンソロジーの保存事業はここ数年、急速に質量ともに拡大している。2003年9月に初の専門のフィルム・アーキビストが着任して以来新しい活動に次々と着手、保存プロジェクトと同時に、一般のアクセスに対応できるための態勢作り、さらに地下にある保存スペースの改善にも取りかかろうとしている。2005年は、メカスがニューヨークに住み着いて以来撮りためてきた素材を約3時間にまとめた代表作『ロスト・ロスト・ロスト』（1975年完成）の復元公開にこぎつけたほか、アメリカの実験作家ポール・シャリッツの映画やマルチスクリーン作品のネガフィルムを作成、ニュープリントをロンドン映画祭に提供している。その後も、マリー・メンケン、マヤ・デレン、ストーム・デ・ハーシュらの作品保存プロジェクトを進めており、さらに音声資料（700本のテープ）やビデオ・コレクション（4000本以上）の保存事業も始まっている。

またアンソロジーは、前衛映画を専門とするドキュメンテーション・センターとしては世界最大と言える資料室を擁している。収蔵の対象は書籍・雑誌、スチル写真、ポスター、映画作家の講演やインタビューの録音テープ、上映カタログ類といった資料だが、そのほかに映画作家・団体別のファイルが作成され、直筆原稿や書簡、脚本、ノート、新聞記事などの一次資料が収められている。現在は、閲覧希望者からの要請に応じて開室している。

ロスト？　ロスト？　ロスト？

メカスはフィルム・アーカイブを、映画を人々と〝分かち合う〟場所だと定義づけた。映画への愛情を言葉のまま野ざらしにしてはならず、何らかの〝システム〟によって裏付けさせること、それこそがフィルム・アーカイブの本質だという考え方である。例えば、アンソロジーの近年の活動として定着してきた事業として、1992年に始まった「アンソロジー・フィルム・アーカイブス映画保存賞」がある。映画保存に功績のあった個人や組織に与えられるこの賞は、2006年3月の授賞式で15回目を迎えたが、こうした仕事の中に、アーティストとしてのメカスとは違った一人の稀有なアーカイブ人を発見すべきだろう。そして、メカスは昨年83歳になった。いまだ精力的に製作活動とアーカイブ運営にエネルギーを費やしているが、長い目で見れば、メカス以降のアンソロジーがいかに永続的な態勢を築くべきかも課題となってゆくだろう。

『ロスト・ロスト・ロスト』は、祖国を失ったまま、いまだ新しい場所を獲得していない人間による苦痛の痕跡だと語る彼にとって、アンソロジーとは、映画によって打ち立てたもう一つの〝土地〟だとも言える。「ロスト」の語が、もっとも苦痛に満ちた言葉であるのはフィルム・アーカイブにとっても変わりはしないからだ。かくして、作ること、集めること、守ること、論じること、見せること、見ることがすべて一つの行為であるような映画の〝分かち合い〟の場所、この世でもっとも〝詩〟に近いフィルム・アーカイブを、メカスとその仲間は打ち立てようとした。そして、それを守る闘いは続いてゆくだろう。たとえ、古い親友のこんな助言が残されているとしても。

私はずっと、ジョナスのプロジェクトを支持している。だけど、(…)ジョナスは自分の映画製作に必要な時間を他のことに割いてはだめだよ。

(アンディ・ウォーホル)【註2】

【註1】「アート・ティクトクvol.0」(2006年、近畿大学国際人文科学研究所)ジョナス・メカス・インタビュー「すべての過去は私の中にあるのです」

【註2】「美術手帖」1983年10月号、「ジョナス・メカスのアンソロジー・フィルム・アーカイヴス」

寝た映画を起こそう

2005年11月に行われた映画祭、第6回東京フィルメックスに、イタリアから映画復元の専門家ニコラ・マッツァンティ氏が来日した。ボローニャにある復元専門の現像所「リマジネ・リトロヴァータ」の技術者として、ヨーロッパの映画アーカイブ界でも重要な人物の一人である。来日したのは、映画祭期間中に行われたセミナー「ヴェネチア国際映画祭デジタル修復プロジェクトについて」に参加するためで、同映画祭ディレクターのマルコ・ミュレール氏とともに壇上に登った。

その年のヴェネチアで特集されたのはイタリアのB級映画だったが、その復元について語られたマッツァンティ氏の言葉は、筆者にとっていささか衝撃的なものであった。通常、映画アーキビストが「復元（restoration）」という語を用いる時、それはあくまでオリジナル素材であるフィルム水準での復元を指す。かりに途中でデジタル技術を援用した傷消し作業を行ったとしても、その作業結果は再びフィルムにレコーディングされ、最終媒体がフィルムであることに変わりはない。DVDレベルでのリマスタリングなどは、個人視聴用の小さな画面上で満足できれば充分であり、その際に必要となる画質を画素数で比べれば、前述の「デジタルによるフィルム復元」に求められる画素の数より桁違いに小さい。だからアーキビストたちは、それを「復元」と呼ぶことはない。しかし、マッツァンティ氏の言葉は、もはやそうした「常識」の向こう側を行っていた。私たちはあらゆる映画を観られる環境にあるだろうか、と彼は問う。観られない映画が多すぎる現状では、世の中で語られている「映画史」など限定的なものに過ぎない。そのことは、誰もが薄々気づいていながら、口にしないことにしてきた。

発言の終わりに、DVDだろうが何だろうが、観られるならばフィルム映写でなくともやむを得ない、という趣旨の結論が述べられた。いまや大切なのは数であり、なるべく多くの映画が世の中に出回っていることなのだと。これは一種の極論であり、映画アーカイブの伝統的な倫理に鑑みれば、聞きようによっては裏切りに近い発言である。とりわけポルデノーネ無声映画祭や復元映画祭「チネマ・リトロヴァート」を抱えるイタリアは、古典映画のフィルム上映にこれまで熱意を示してきた。そもそもイタリアは、ネオレアリズモの遥か以前、第一次世界大戦までの映画芸術を先導した国であり、映画の祖国のひとつと言ってもよい。ただ注目すべきは、彼の考えが、世にはびこるデジタル肯定論とは根本的に違っていることだ。小さな画面でもそれなりに美しい画像や音を手軽に楽しめて、という消費形態の側面から論を起こすのではなく、〝世界のすべての映画〟を思考し、それにより近づく手段としてDVD消費を肯定しているのである。すべての映画が観られないのに、軽々しく映画史などと言うべきではない……。こういう無理な正論を平然と口にする人を、映画は決して欠かしてはならない。

いま、映画のオリジナル素材は

日本の状況を考えてみよう。日本では、映画の黄金時代であった1950年代は、同時に可燃性のナイトレート・フィルムから不燃性のアセテート・フィルムへの転換期であった。ナイトレート火災の猛威を恐れた映画会社各社は、過去のフィルムを根こそぎ不燃性フィルムに転換することになった。これは他の国でも同時代的に行われていたことで、アセテートにさえ転写すればすべては解決するという認識が世界の映画界を覆っていた。ただし、ツーンと酸っぱくなり、形の崩れ始めたアセテート・フィルムに触れた経験のある方ならお分かりだろう、それがただの楽観論に過ぎないことは、後に〝フィルムの病〟「ヴィネガー・シンドローム」が明らかにした。

そして転写作業の際、いくつかの会社は、35ミリのオリジナル・ネガフィルムを16ミリの原版に縮小してしまった。1961年に経営破綻した新東宝などは、一部の重要な作品を除いては35ミリのオリジナル・ネガを残すことなく、作品ごとに16ミリの上映用ポジ・プリント各一本を保存したのみである。また、松竹の京都撮影所で撮られた戦後作品のうち、どれだけが現在フィルムで観られるだろうか、と考えてみる。いまだ私たちの目前に現れることのできない16ミリ縮小原版が、大量に眠っているはずである。ここから再び35ミリの上映プリントを作るまでにどれだけの労力と経費がかかることか。映画界のあらゆる問題を業界任せにするしかなかった、そんな過去のツケが今になって露わになっている。恐らく記憶は、資本とは相容れないのだ。

私たちはすでに知っている。あまりに多くの映画が失われたために、例えば斎藤寅次郎という監督の力量を、もはやどの批評家も正確には表現できないことを。そして完全に失われたわけでもないのに、いまだ日の目を見ない多くのフィルムが、関心も持たれずに半永久的な眠りを強制されていることを。映画は量ではない、個々の作品の質なのだ、という見方は当然ある。しかし、年によって５００本以上の作品を生み出した１９５０年代日本映画の環境を視野に入れるなら、産業としての豊かさが、個々の作品の尖鋭性へと突き抜けていった側面は看過できないだろう。

小さな画面でもいい、もし、眠りについていた大量の作品が何らかの形で日の光を浴びることになったら、映画をめぐる言葉は変わるだろうか。やっぱり駄作だらけ、と判明するだけの可能性もないではない。だが、映画を語る者が、ある一本の映画を見てしまったために、自分の過去の記述を訂正しなければならないと感じるように、歴史記述がいくらでも変更されることは、いつも意識に留めておく必要がある。マッツァンティ氏があの小さなセミナーの場で発言するまで、日本人はそのことを問題にしてこなかった。その後ろめたさが、第一歩である。

それにつけても、映画はフィルムで観たい。

映画を分かち合うために

誰でも、映画の配給会社から映像素材を借りられれば、上映会を催すことができる。もちろん映画を借りるにはそれなりの料金体系が定まっており、そのことは洋の東西、多少は制度の違いはあろうが変わらないはずだ。だが振り返ってみれば、いろいろな国で、その常識に抵抗して考え抜いた一握りの人間がいることも分かってくる。第三者が、数限りない映画を、定期的に、誰にも金銭を支払うことなく見せられる場所。そのためには、まずフィルムを「借りる」のではなく、自らの持ち物にしなければならない。

とはいえそれは、最初のうちは夢想でさえなかった。なぜなら、それを初めて実践した人物は、考える前にいきなり実行に移してしまったからである。その男のいかなる話術に乗せられたのだろう、いくつもの映画会社が彼にフィルムを手渡し、上映を許してしまう。気づいてみれば、男は信じがたい数量の映画フィルムと若い支持者たちに囲まれていた……。シネマテーク・フランセーズを創設したアンリ・ラングロワの、やや神話的にさえなったエピソードの概略だ。もちろん、当時の映画業界にかかわる二つの条件が彼に味方していたことは付言しておきたい。まず、この時代には、上映を終えたフィルムは映画会社にとって商業的価値をほぼ失っており、手放すことへの心理的抵抗が小さかった。そしてフィルムの材質が可燃性だったため、第三者への寄贈はむしろ厄介払いになっていた。言わば牧歌的な時代だったのだ。

ブリュッセルの策士

しかし、ラングロワの〝弟子〟たちが活動を始めた時代には、世の中はそんなに甘いものではなくなった。業界もガードを固め始めたのだ。ベルギーを拠点にしたジャック・ルドゥーの仕事を見れば、その策士ぶりがよく分かる。ベルギーほどの小国に、世界最大級のシネマテークがあると言うと人は意外な顔をする。2002年の春先にブリュッセルを訪れた時、すかさず王立シネマテークに向かった。その上映施設は、国立美術館も設置されている芸術宮《パレ・デ・ボザール》の片隅にあり、決して広くない入口をくぐって曲がりくねった通路を抜けると、まず見えてくるのはいくつかの展示品だ。ゾートロープ、プラクシノスコープ、フェナキスティスコープ、ソーマトロープのほか、残像を利用して静止画像を動いているように見せる、映画発明以前に作られた視覚装置の数々が、どれもボタンかスイッチ一つで動くようになっている。こうしたプリシネマ時代の装置が作動する形で展示された場所を持たない国から来た筆者は、ただ感激にひたってしまった(現在は東京の杉並アニメーション・ミュージアム、鎌倉市川喜多映画記念館などで数点が見られる)。にもかかわらず、フリッツ・ラングの映画を観に来たこの人の群れの中に、このコーナーに見向きをする人はほとんどいない。その多くは常連で、とっくの昔に飽きるほど見たのだろう。時間が来ると、彼らはこのコーナーの脇にあるホールへそそくさと消えてゆく。ではこれらの展示品は、いま、誰のためにここにあるのだろうか。

帰国後、アメリカ議会図書館の名フィルム・アーキビスト、デヴィッド・フランシスの講演録を読み直したら疑問が氷解した。フランシスによれば、これらの展示物は「シネマテークのロビー」に飾られているのではなく、大小二つの上映ホールの方がこの「映画博物館」の付属施設だというのだ。上映ホールの入場自体は無料、来場者が支払うのはあくまで「映画博物館」の入場料である。映画でお金儲けは一切していないから、いかなる上映に際しても権利所有者の許諾を受ける必要はないはずだというのがルドゥーの発想であり、このからくりで王立シネマテークは大量のフィルムを映画会社から継続的に受け取ることに成功した。それにしても、これらの展示品が主で上映施設が従、などと一体誰が思うだろうか。映画業界とフィルム・アーカイブが水面下で交えた、いにしえの戦いの跡が偲ばれた。

また、2005年の9月、新装なったニューヨークの近代美術館(MoMA)を訪問した際には、まったくの偶然で、近代美術館映画部を目覚ましく発展させた伝説的なキュレーター、アイリーン・バウザーに会うことができた。日本では、映画収集の先駆者といえばいまだにラングロワの名ばかりが挙がるが、世界のフィルム・アーカイブ運動の歴史をひもとけば、アイリス・バリーやバウザーのような女性たちが、とりわけ草創期に主要な役割を演じていることが分かる。引退したバウザーはすでに悠々自適の身だったが、日本の「映画保存協会」のウェブサイトにも掲載されている彼女へのインタビュー【註】を読めば、美術館内部での、美術部門の映画に対する蔑視の激しさが見て取れる。それは新米の芸術ジャンルが先行分野の隣に並べられた時に運命的に発生する不幸であり、彼女も半世紀にわたってそれと闘ってきたのだ。その一例が、ベルギーと同じく、入場の方法だ。かの美術館では、新装オープンまでは、映画を観るにも美術館の正面入場口から入るしか方法がなかった。つまり「映画鑑賞だけの料金」が存在しなかったわけだが、これは明らかに映画を美術に従属させるシステムである。だがこのシステムが同時に、「美術館」という傘の下に入ることで、上映料の負担を回避する機能を果たしてきたことも否定できないだろう。長い時間をかけて劇場で鑑賞する「美術品」、という概念のあまりの不自然さ。新たな開館でようやく作られた「映画だけの入口」は、映画を観る立場からは当然のものに思われる。だが美術館の上映プログラマーたちにとって、これは伝統に風穴を開ける苦渋の決断だったはずである。

産業としての映画が莫大な金銭を動かしているにもかかわらず、その後アーカイブに供されたフィルムが、こうしたロジックの狭間で寂しげな顔をしている状況は変わっていない。近年は、学術目的や非営利の文化事業における著作物の自由な利用を促進しようという考え方、いわゆる《フェア・ユース》の概念が国際的に広がりつつある。フィルム・アーカイブにおいてもそれはすでに議題に上っている。あらゆる人に開かれ、同時に映画産業とも共生できるような、映画の〝解放区〟が確立されるのはいつのことだろうか。

【註】「アイリーン・バウザーが語る『専門職としてのフィルムアーカイブ活動』」filmpres.org/preservation/interview02

私のシネマテーク修業日記
ノンフィルムの巻

本稿は、文部科学省の学芸員等在外派遣研修ブログラムにより、２００９年にフランスとイタリアの映画保存機関を訪問した際の日記の抜粋である。主題を「フランスの映画保存機関における映画関連史料のアーカイビング及び情報技術の活用」とし、主にフィルム・アーカイブが所蔵する映画フィルム以外の資料の取り扱いについて学んだ。なおここで記されている各国の状況は２００９年時点のものであり、各機関がその後も日進月歩で事業の質を深めていることは言うまでもない。

【2009年1月4日】

いよいよ明日出発だ。新宿の東急ハンズで旅行前最後の買い物。夕方には荷物を作り終えた。ずっと行方不明だった本、映画批評家レイモン・ボルドがフランスの映画保存史を記した"Les Cinémathèques"（シネマテークたち）が最近自室のすみっこで見つかり、必要に応じて読んでいる。

なんとなく誤解されがちな感じがするが、私はフランスへ映画を観に行くわけではない。というより、昨秋からの映画鑑賞に対する意欲の低下ゆえ、職務のみに徹して、一本の映画も観ることなく2か月の滞在を終える自信さえついてきている。だから、そこを打破するリハビリとしていくらかは映画を観るつもりだ。ちなみに、年明けのシネマテーク・フランセーズはダニエル・ダリュー特集、その次がアラン・タネール特集。展覧会は19日までデニス・ホッパー展。タネールほど、今のニホンの40代の映画好きにこよなく愛され、それなのに20代にはまるで無名の監督もいないかも知れない。

【1月8日】

6日、到着時の気温は零度。すでにアパルトマンにいらしていた不動産仲介の方と契約を結んで入居。居心地のいい部屋だが、まだお湯が出ない。スーパーマーケットへ行くが、つい食べ物を買いすぎてしまった。晩はパリ日本文化会館に伺ってみた。私の古巣である国際交流基金の海外拠点の一つで、こんな異国の寒星のもとで旧交を温めるのもいいものだ。帰り道は海外屈指の日本映画プログラマー、ファブリス・アルデュイニさんと食事。いつもながら、控え目な身ぶりで着実に前進する人だ。ますます寒くなってきた。こんな気温がずっと続くのかと嘆息していたが、それでも段々と慣れてくる。管理人さんが電気回線を修理したらお湯がやっと出るようになった。この状況下で水シャワーだけは嫌なのでほっとした。

さて、7日はついにベルシーのシネマテーク・フランセーズで研修初日。地下鉄ベルシー駅からシネマテーク前広場の積雪を踏みしめてゆく。私の研修を監督するのは文献管理課長のマルティーヌ・ヴィニョさん。シネマテークと合流する前の映画文献図書館（ＢＩＦＩ）のご出身で、もともとは映画ではなく資料取り扱いの専門家。シネマテークの映画資料の現状を説明していただいた後、４

階から8階までスタッフのお部屋を順々に訪れてご挨拶の行脚。昨年東京での「フランス映画の秘宝」特集で来日されたエミリー・コキーさんとも再会した。彼女のデスクの後ろには、私が担当したフィルムセンターの「川喜多かしこ展」のポスターが。嬉しくてちょっと泣きそうになる。セルジュ・トゥビアナ館長もご在室で、清酒「ダイヤ菊」をプレゼント。小津安二郎と野田高梧が脚本を書くときに浴びるように飲んだ酒です、とそれはうやうやしく説明した。

午後はベルトラン・キャップさんによるデータベース"Ciné-Ressources"(シネ・ルスールス)と"Cinédoc"(シネドック)の解説。前者は映画関連資料の公開データベースで、シネマテーク・ド・トゥールーズやジャン・ヴィゴ協会(ペルピニャン)など国内の5機関の所蔵資料が統一して検索できるという驚くべきもの。後者はその源になっているシネマテーク・フランセーズ自身の内部用データベースだった。入力時の表記規則が絶えず練り続けられていて、その綿密な規則を冊子にしたものを読んだだけで興奮。みんなもともとは映画狂いのくせに、内容には一切触れることなく、世界各国の人名や題名の表記法を延々と煮詰めていたとはかっこいいにも程がある。フィルムセンターのデータベースだって、下の名前を度々変えたマキノ「マサヒロ」監督や「鈴木清太郎=鈴木清順」監督ぐらいは同一人物と認識できるわけだが、それでもここで、監督ジェス・フランコの約50の変名がビシッと画面に表示された時には笑ってしまった。そして各作品につき現時点での上映権保有者の欄があり、ちゃんと定期的にアップデートされていると聞いて途方に暮れた。

シネマテーク・フランセーズ(以下、いずれも撮影は著者による)

帰り際にデニス・ホッパー展。現代美術の蒐集家としても著名な彼のコレクションがメインで、映画はむしろやや控え目な感じ。美術展として楽しめばいいのか、と理解したところで目前に『アメリカの友人』の冒頭の映像が現れ、心にしみる。『イージー・ライダー』のシナリオもあったが、やっぱりシナリオは展示しても地味になりがちだ。悩んでるのは自分らだけじゃなかったんだ、と安堵。

【1月9日】

寒いというだけで話題が次々に出てくるぐらい寒いわけだが、見ていて実に痛々しいのが、カフェの建物内が法律で禁煙になったために無理にテラス席に陣取っている愛煙家の方々。しかもこのおじさん、生ビールを注文している……。

本日はまず資料課長のヴァレリー・サンロマさんからノンフィルム資料の寄贈受け付けや管理システムについて説明を受けた。資料の出し入れを司るデータベース"Cinémouv"（シネムーヴ）も拝見したが、あまりの丁寧な作り込み方にこれまた悶絶。午後は、ヴァレリーさんの部下のマリー・ベルグさんに引率されて18区の資料保存庫を訪問。ルイ・フイヤードの直筆手紙とかマックス・オフュルスがドイツ語で書き込んだシナリオとか気が遠くなるような資料が山積みだったが、ことのほか冷静でいられたのは、スタッフの皆さんの志が自分らの志と根底では同じと感じられたからかも知れない。

実は今回、かなり英語に頼るだろうと予想していたが、今のところフランス語だけでどうにかやっている。自分のフランス語能力の限界は分かっているので、恐らく別のものがそれを補っているはず。むかし蓮實重彥が「映画語」なる概念を提唱していたが、私を後押ししているのはきっと「映画資料語」に違いない。ＢＩＦＩがシネマテーク・フランセーズに合流したのは２００７年。それ以前にシネマテークが収集してきた文献も、いま旧ＢＩＦＩのスタッフによって着実に整理分類されている。アンリ・ラングロワの乱脈収集の尻拭いを黙々とこなしている彼女たちが、新しいシネマテークを豊かにしていることは明らか。上映企画がかっこいいとかはシネマテークのなすべき仕事の一面に過ぎないのだ。

そんなことを思いつつ、学生街のメディシス・ロゴス座でシネマテークのデジタル復元による『歴史は女で作られる』を観てきた。贅沢な、あまりに贅沢な……。リハビリには絶好の映画だろう。部屋に帰って、昨日作った肉と野菜の煮込みをちょっとずつ食べている。

【1月10日】

昨日は生意気なことを言ってすみませんでした、ラングロワ先生。先ほど常設展"Passion Cinéma"(パッション・シネマ)をぐるっと回ってきたのですが、やっぱりこのコレクションの厚みには何びともかないません。19年ぶりにマン・レイの『ひとで』のヒトデにも再会しましたし、初期映画の機械類からなるウィル・デイ旧蔵の圧倒的なコレクション(1959年シネマテーク・フランセーズが購入)も先生のご威光あってこそです……。

現代の映画保存界ではマイナス評価が強調されがちなアンリ・ラングロワだが、この常設展は、ノンフィルム資料から彼の再評価を始めようという新世代からのメッセージと受け止めた。2年前に出版されたローラン・マノーニさん(来週お世話になる)の「シネマテーク・フランセーズの歴史」もちゃんと読まないといけない。

とりわけ1968年の「ラングロワ事件」のコーナーには戦慄が走った。ドライヤーやらラングやらミネリやらキューカーやら世界の映画人から届いたラングロワ館長解任反対の電報につい読みふけってしまう。ニホンからの電報は連名で、いま覚えているだけでも羽仁進・勅使河原宏・小林正樹・黒澤明・熊井啓・市川崑・牛原虚彦・成瀬巳喜男・三船敏郎・依田義賢・京マチ子(!)といった面々が並んでいた。そのすぐ後に、1969年に設立された国立映画センター（CNC）アルシーブの常設展コーナーがあったのだが、シネマテークの常設展で、あれだけ敵対していたCNCアルシーブが紹介されているなんて、それこそフランス映画保存史上の決定的な一歩に他ならぬ。ここは何度でも訪れる価値がありそう。

【1月11日】

週末になった。まだ研修は3日しかこなしていないが、とにかく新鮮だったのはシネマテーク云々よりも、外国にある、人のオフィスで終日過ごしているという事実だ。週末なので研修は休みになったが、もちろん私に休みなどあろうはずがない。

というわけで、去年11月、フォーラム・デジマージュ（パリ市営の映画上映施設。かつてのヴィデオテーク・ド・パリ）の中に開館したばかりの「フランソワ・トリュフォー映画図書館」を訪れてみた。そもそもフォーラム・デジマージュ自体、パリのど真ん中にある地下ショッピングモールの一角。買い物客でごった返す通路の脇にキラキラと映画専門図書館が輝いているという風景が信じられない。5冊まで貸出可能というシステムで、貸出希望の多そうな本は何冊も並んでいる。クリスチャン・メッツの映画記号学の同じ本が7冊も並んでいるなんて初めて見た……。日本映画の本はほんの60冊程度。場所柄もあるのだろうが、ここは利用者でいっぱいだ。人はこんなに映画の本を読むのだろうか、とつまらないことを考えてしまう。盗難防止策とかあれこれ職員の人に質問をしてみたいところ。

とはいえ、映画も観たいわけで、今日も結局ベルシーに行ってしまった。ダニエル・ダリュー特集でマンキウィッツの映画があるな、"L'Affaire Cicéron"（キケロ事件）？　と思ったら藤井仁子さんのブログでも絶賛されていた『五本の指』じゃないか。いや確かに、どこを押してもへこみようのない見事なフォルムの映画。お客さんは8割程度、年齢層が昔より高くなっているのはパリも同じようで。

さてさて、シネマテークの書店で"Un chat de cinéma"(映画の猫)という可愛らしい本を見つけた。エチエンヌ＝ジュール・マレーやリュミエール兄弟といった映画の始祖から始まり、チャップリンの『サーカス』やヴィゴの『アタラント号』を経由して『アメリカの夜』やクリス・マルケル、さらに黒澤明の『まあだだよ』や『となりのトトロ』にまで及ぶ「猫は映画の中で何をしているか？」の系譜をやさしくまとめた児童向け（8歳以上）の教育本。猫たちは映画スターなのだ。こういう「ありそうでない本」がちゃんと出版されて、しかも立派にシネマテーク・フランセーズの刊行物だったりするから面白い。

【1月12日】

14時、ジャック・ターナー特集『過去を逃れて』@アクション・クリスチーヌ座。こういう特集、いかにもパリっぽい。パリ第3大学に留学中の角井誠さんとお会いした。名画座で待ち合わせるのがいちばん合理的、と学生時代みたいなことをやっている。角井さんは学期の課題が終わって一息ついていらっしゃる様子。現在、フランスの映画研究は思弁的なものばかりではなくかなり一次文献を重視するようになったそうで、とすれば当然、シネマテーク系諸機関の文献アーカイビングの成果が物を言ったわけだ。結局これもBIFIのおかげか……。そして、そうした研究動向が日本にほとんど紹介されていないのは残念だとも語り合った。ミシェル・マリのシネマテーク史の講義は裏話もたっぷりらしくすごく面白そう。

【1月13日】

ヨーロッパの一月だからまあこの程度は仕方ないか、と思える気温になった。独りじりじりとステーキを焼く夜半もまたよろし。

昼食は、ポスター担当のセバスチャン・ボンデッティさんらとご一緒した。私がヴィニョ課長にお渡ししたフィルムセンターのソビエト映画ポスターのカタログをご覧になったというので、このコレクションの来歴や背景を説明した。ロシア映画研究家の袋一平が１９３０年にモスクワで入手したとお教えしたら、すかさず「キヌガサ（衣笠貞之助監督）もその頃ソ連に行ってるね」と切り返してくる。日本の戦前期ポスターの話になると「松竹の美術監督でポスターも描いたいいデザイナーがいたよね」。河野鷹思を知ってるんだ。素晴らしい。最後は「今はマンダ・クニトシの映画が素晴らしい。"Kiss"（『接吻』）は最高だ」。シネフィルだけど、それを一歩も二歩も超えた何かが感じられる。こういう若い人が静かに日々の仕事をこなしているのもシネマテークだよな、と頷かされた。

フランスでは映画ポスターは大型なので筒に入れて保管する

自分の関わった出版物を持ってゆくと、こっちもそれなりに頑張っていると分かってもらえて嬉しいもの。初期ソビエト映画のポスターはさすがのシネマテーク・フランセーズも弱いそうで、心の中でちょっぴりVサインだったが、トゥールーズのシネマテークには結構あるはずとのこと。

【1月14日】

本日はイザベル・レジェルスペルジェールさんのところで、映画資料の貸与システムや美術館・博物館とのやり取りについて学んだ。自分が東京でやっている仕事にこんなにぴったりの〝学校〟があるなんて、としみじみ感動。こちらも質問がぽんぽん出てくる。やや早めに終わったので時間ができたが、もう行くべき場所は決まっている。モンパルナス墓地だ。映画人密度の高いこの墓地に行くことは出発前から決めていた。小雨が降っているが関係なし。自分のためのメモにもなるので、訪れた墓のうち主なものを記す。マルグリット・デュラス。サルトル&ボーヴォワール。デルフィーヌ・セイリグ。ボードレール。トリスタン・ツァラ。マン・レイは見つからなかった。ウージェーヌ・イオネスコ。アンリ・ラングロワ（世界の映画の記憶を丸ごと埋め込もうという勢い）。ジーン・セバーグ（愁いのあるお墓）。ジョルジュ・オーリック。ピエール＝ジョセフ・プルードン（空想社会主義は私の昔からの情熱なり）。セルジュ・ゲンズブール（この一番人気。本当にファンのメッセージと花束と似顔絵とお人形だらけ）。スーザン・ソンタグ。クロード・ソーテ。ジャック・ドゥミ（横にベンチがあって一緒にゆっくりいられるのが素敵）。フリオ・コルタサル。ジャック・ベッケル。あと科学映画作家ジャン・パンルヴェの墓はガイドに載ってないので管理事務所に問い合わせて探り当てた。短い時間でかなり回れた。

【1月15日】

朝、パリ市役所のジャック・プレヴェール展へ赴いた。昨日イザベルさんから、いま資料を貸与している一例として紹介された展覧会だ。プレヴェールは詩やシャンソンを書いたり映画シナリオを書いたり絵を描いたりコラージュを作ったり大変忙しかった人なので、展覧会も手が抜けない。市役所でやっている無料の催しがこんなに充実してていいのかと思うほど。シネマテークから貸し出されているのは主に映画ポスター。『天井桟敷の人々』の横長の大ポスター、評価額が3万5000ユーロと知って眺めるとまた感慨も違ってくる。ジュリエット・グレコが胸元に二つの拳を寄せて歌う「枯葉」の映像の前に、パリジャンおやじがぞろぞろと集まっていた。

今日からはローラン・マノーニ映画技術部長による機材類の研修。場所はベルシーではなく、セーヌ川の向こう岸にある国立図書館（BNF）の17階を借りている。マノーニさんは、19世紀からのパリ市の公文書や18世紀からの特許資料を集めて分析し、映画の発明にいたる視覚装置の歴史を発掘してきた、いまや世界の映画技術史研究の重鎮。今日目にしたものは、自分のメカ音痴もあいまってほとんど説明が不可能。一つ言えるのは、約1万7000枚あるという幻燈（マジック・ランタン）の板の画像をデジタル化してデータベースにするというシビレそうなプロジェクトが始まっていることで、今年中にマジック・ランタン展も開催するとはうらやましいの一言。

技術資料保存室に並ぶマジック・ランタン（幻燈機）

　ここのコレクションのベースは常設展にもたくさんあったウィル・デイのコレクション（英国人なのでイギリスの機械が多い。映画を発明したのはリュミエール兄弟でもエジソンでもなく英国人ロバート・ウィリアム・ポールと信じていたとか）とその後の収集品だが、現在は国立映画センター（CNC）からも大量の機材を預かって管理している。つまり「シネマテーク・フランセーズ所蔵の国立映画センターコレクションが国立図書館で保存されている」という複雑な状況になっているわけだが、そんな複雑さも諸機関の活動が前進した成果だろう。

【1月16日】

　日も暮れた頃、研修先の国立図書館を去っていったん部屋に戻り、一息ついてからフォーラム・デジマージュへ向かう。旧知の映画コーディネーター&プロデューサー、吉武美知子さんから試写のご案内をいただいたので。河瀬直美監督をフランス人の女性監督が撮ったドキュメンタリーとだけ聞いていていたのだが、その作品、レティシア・ミクレス監督の"Rien ne s'efface"(何も消え去りはしない)は理知的で爽やかな作品に仕上がっていた。河瀬監督にとって映画とはどういうものか、良くも悪くもインタビューからその根元が少し見えたような気がする。しかし、僕にとって最大の驚きは、なんと冒頭の数分のところで、突然フィルムセンターのフィルム保存庫が現れたこと。ナレーションがよく理解できなかったので上映後に監督自身にお聞きしたところ、要するに「記憶はフィルムとして残される」という趣旨でイメージ的に使われたようだ。奈良だけじゃなくて、相模原にもいらしてたとは。まさかパリに来てまで大スクリーンで自分の職場を見るとは思わなかった。

【1月17日】

午前、人事課のトマ・フロランタンさんのところでヒアリング。研修が無事に進んでいるか、私の職務内容と研修がマッチしているかを確認するためみたい。ちゃんとそういうのがあるのか……。半分雑談になってしまったが。

そして今日は機材部門の最終日。映画機材にまつわる資料の収集についての調査。これ、ニホンでは手をつけた人のいない分野だと思う。欧米のものが中心だが、各国の機材メーカーのカタログや文献コピーを集めたファイルが、アルファベット順にずらっと並んだ様は壮観。それにしてもこの約4000という機材類、1997年に国立図書館に引越しするまで旧シネマテークのどこに置かれてたんですか? と質問したら、担当のロール・パルショメンコさんは「シャイヨー宮の地下です」。「そもそもシャイヨーのシネマテーク自体が半地下じゃないですか」。「さらにその地下です」。

そんな空間があったのか。ちなみに、シネマテークのベルシーへの移転が決まったのはこの機材類の引越しの後で、セーヌをはさんでぴったり向かい合っているのは単なる偶然とのこと。さらに、その後ちょうど直線で行き来できるような歩行者用の橋までできて便利便利、という話だそうだ。

今日の17階は、初期ゴーモンの資料とにらめっこしている映画史家や、プラクシノスコープの円盤をせっせとスキャンしているおじさんもいて、少しだけにぎやかだった。帰り際に、日本映画史の「天活」の項で必ず出てくるのに本物を見たことがない初期の色彩映画、英国製の「キネマカラー」映写機（当然これもウィル・デイ旧蔵）を出してきてもらった。ちゃんとカラーフィルターも入っていて興奮。主な機械であれば、保存庫のどこにあるのかマノーニ部長はほぼ記憶しているようだ。紛れもなくここはマノーニさんの宇宙だ。

【1月20日】

図書室課のヴェロニク・ロシニョール課長のもとで映画図書館について学ぶ日。その前に、ヴィニョ文献管理課長からシネマテークの組織図をいただいた。２００人以上いる（！）職員のなかで課長(Directeur/Directrice)と名のつく役職は20あるが、うち男性が占めるのは7つで、あとはすべて女性。机に子どもさんの写真を貼り付けている方も多い。ノンフィルム(映画関連資料)部門に至っては男性課長はマノーニさん（この方は部長格でもありますが）だけで、つまりシネマテーク・フランセーズは多くのママたちに支えられていることになる。本質的に男性優位の歴史を背負ってきた映画という分野を考える時、このことは大きな意味を持っているのではないか。

現在のフィルムセンターの図書室は「基本的に閉架、ただし貴重書もすぐに閲覧可」となっているが、そこには、いつでも誰でもすごい文献がすぐ見られますよ！　という一種の理想主義がある。一方、シネマテークの図書室は「全開架、ただし貴重書はパリ郊外の保存庫の中、見たければ48時間前までに申請してね」が原則。まあ合理主義と呼べばいいのか、普通の研究書とかはどんどん閲覧してちょうだい、でも「すごい文献」を見る必要のある人は少ないでしょう？　というわけだ。そしてその考えのもとに、研究者には研究者向けの別の閲覧室(Espace Chercheurs)が用意されている。こういうシステマティックな発想が新世代のシネマテークを象徴しているように感じられる。

アラン・タネール『サラマンドル』@シネマテーク。世の中への悪意を抱いた不思議ちゃんに、その過去を映画のシナリオにしようとする二人の男が振り回される。ソーセージ工場の工員だったり靴屋の店員だったりするだけなのに、彼女は知らず知らず資本主義と闘っているのだ。その演技は、この世界でビュル・オジエにしかできないだろう。腸詰め作業をやっているだけで、チューインガムを二つに折っているだけで、雪道を歩いているだけで感動的だ。明らかに「1968年5月」（5月革命）を引きずっている映画だが、「団結したから勝てた」のではなく「一人だったから勝てなかった」というあたりが、作品の質とは別にタネールへの愛着になっているのかも知れない。ここから傑作『ジョナスは2000年に25歳になる』へはもうすぐだ（そう言えばこの映画もキーワードはソーセージだった）。また、見方によってはトリュフォーの『突然炎のごとく』への「68年世代」からの回答とも言える。お客さんはやっぱり50代以上が目立っていた。

[1月21日]

早くお邪魔してみたかったポスター&美術デッサン部門へ。責任者のジャック・エロールさんは温和で面倒見もよく、部下のセバスチャンさんともいいコンビに見える。分類・印刷法・修復・著作権・市場価値・データベース管理・デジタル化などあらゆる切り口からポスターとデッサンの世界を語ってくれた。フランスの映画ポスターは、大手のゴーモン作品を例外としてほとんどに画家のサインがあり、画家の著作権が確立されている（ニホンはアメリカ式で原則として映画会社に帰属すると見なされる）。そうなるとアーカイブとして彼らとの関係作りは不可欠だし、世の中ではポスター画家の作家主義も成立してくる。オフィスに『突然炎のごとく』のポスター（ジャンヌ・モローが笑ってるやつ）を描いたアーティスト（クリスチャン・ブルータン氏）から美しいグリーティングカードが届いていて、文化の違いを痛感したり。

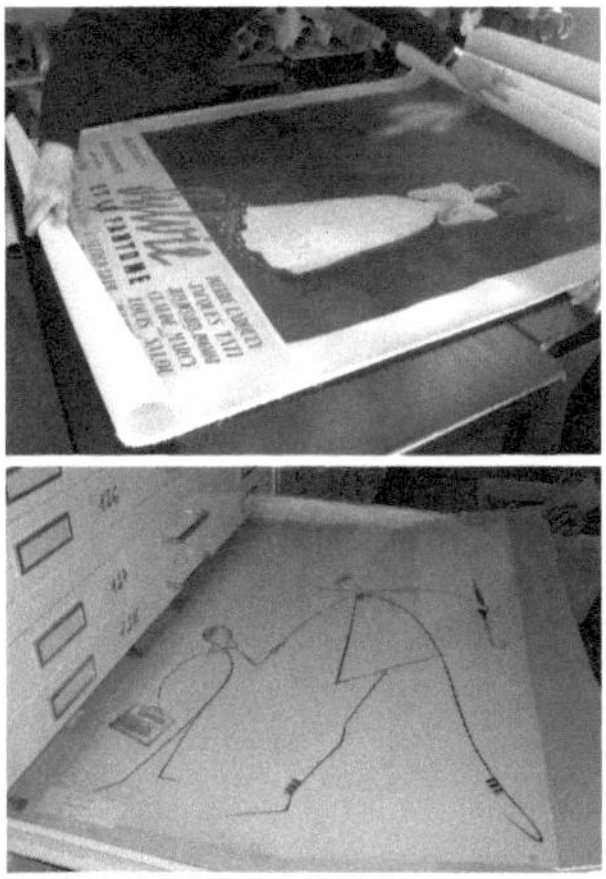
上：美しく修復された映画ポスター『乙女の星』／下：ジャック・タチ『ぼくの伯父さん』ポスターのデッサン。タチの弟子だったピエール・エテックスによる

　新しく入ったニホンのポスターがあったので、いろいろと説明をしなければならない。「映倫」は検閲とどこが違うのか。「ダイニチ映配」とは何か。なぜか一枚だけポスターがあったのだが、ここで青森県の「なみおか映画祭」の解説までするとは思わなかった……。「エッジの上・下・右辺に五線譜の模様があるのは1961年以降の東宝ポスターの特徴」と言えば「それはメモしないと」。こちらだって教えることが少しはないと面白くない。とりあえず国際交流しているなあと感じられた午後。

【1月22日】

　フランス語でアルシーブ（Archive）という語は広義にも狭義にもさまざまに使われ得るが、シネマテーク・フランセーズの組織内では、「スチル写真」「ポスター」のような目的別の分類になじまない個人資料・団体資料を指している。ニホンだとフィルムセンターにも衣笠貞之助旧蔵コレクションがあるし、早稲田大学演劇博物館の「稲垣浩文庫」や京都府文化博物館の「伊藤大輔文庫」なども該当するが、シネマテークには130以上の「だれだれ／どこどこコレクション」が存在している。

というわけで今日はレジス・ロベールさん率いるアルシーブ部門。貴重な資料がふんだんにあるため、オフィスのドアも職員用バッジがないと開錠しないしくみ。ここでは、フランス国立公文書館の定めた文書取り扱い法に則って、鼻血が出そうな映画資料が注意深く扱われている。閲覧者のお呼びがいちばんよくかかるのはどうやらトリュフォー資料らしい。名スクリプター、シルヴェット・ボドロの資料を開けるとちょうど『泥棒成金』のシナリオが……。「監督：アルフレッド・ヒッチコック」の監督名を線で消して「シルヴェット・ボドロ」と直したヒッチコック自身のいたずら書きが見えたり。これ、別に私だけの特権ではない。誰でも48時間前までに頼めば見られる。映画の好きな方は、パリに行けばこういう楽しみもあることを知っておくといいかも。おとといの日記では、研究者用閲覧室を貴重書を見る場所として紹介したが、本来はこうしたアルシーブ資料を見るための部屋。脚本家チェーザレ・ザヴァッティーニ資料をわざわざイタリアから閲覧しに来た青年も見かけて、なるほどと思った。

研究者用の特別資料閲覧室

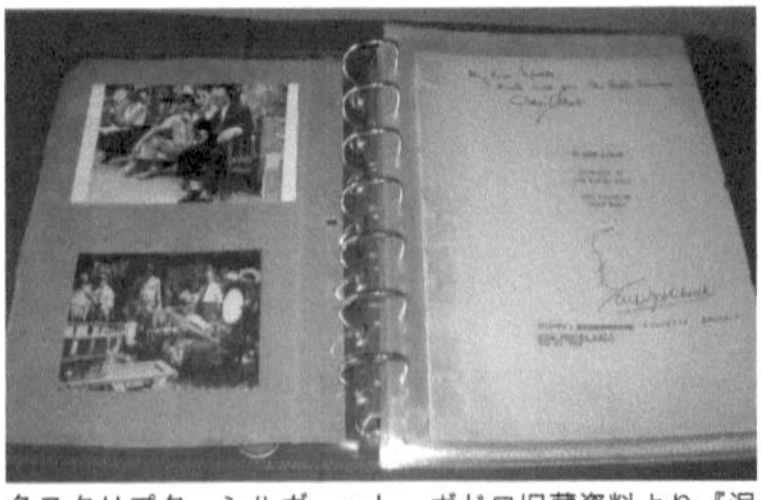
名スクリプターシルヴェット・ボドロ旧蔵資料より『泥棒成金』撮影台本　ヒッチコックのいたずら書きがある

近頃は科学的な文書修復にも乗り出しているが、本格的な修復はやたらと費用がかかるとのこと。リュシー・リシュティグ旧蔵の『歴史は女で作られる』のシナリオ復元作業を記録したビデオ"Cinémathèque Française au secours de Lola Montès"(『歴史は女で作られる』を救うシネマテーク・フランセーズ)を見せてもらったが、おそらくこれは、お金をかけたのにフィルムの復元ばかり注目されるのはもったいないと思ったロベールさんが企画したものと推測。ちなみにリシュティグはシルヴェット・ボドロとともにフランス映画スクリプター界の二大巨頭と呼ばれるべき存在で、マックス・オフュルスだけでなく、ニコラス・レイの命をすり減らしたという『北京の55日』も支えた人だと聞くと涙が出そうになる。

この部門にはベテランの方々も多く、今日特にお世話になったのがヴァルド・クヌービュレールさん。統合前はBIFIに属していらっしゃったそうだが、もともとは1980年にシネマテークに入られている(BIFI設立は1992年)。若い頃はラングロワの右腕メリー・メールソンが隣の席だったと聞いてまたびっくり。アルシーブの話もそこそこに、シネマテークのノンフィルム部門の歴史をその場で手書きの年譜にしてくれた。

【1月23日】

根っからの貧乏性で、せっかくの機会だからと毎日何かを自分に付け加えないと気が済まない。昨晩も実は名画座でデルマー・デイヴィスの『潜行者』を観たのだが、あんなサスペンスたっぷりの映画で30分以上も眠ってしまった。ボギーさんバコールさん申し訳ありません。やっぱり疲れていることは確か。

冷たい雨。郊外の資料保存庫で、美術・衣裳デッサン類の保存状況を調査。中枢にメリー・メールソン(彼女の亡夫はフランスの映画美術を発展させたラザール・メールソンだった)がいたことも影響したのだろうが、ここでは早くから美術監督のデッサンは「映画が生んだ絵画作品」と見なされ、敬意が払われていたことが分かる。フランス映画が中心とはいえ、ドイツ・イギリス・イタリア・ソ連の美術監督・衣裳デザイナーのデッサンもかなりの比率を占める。日本映画では水谷浩のもの（溝口健二監督の4作品『近松物語』『楊貴妃』『新・平家物語』『赤線地帯』）があることは知られているが、もう一人、柴田篤二のデッサン（『白鷺』）もあったのには驚いた。メールソン、トローネル、バルザック、ドゥーイ、ドーボンヌ、ルヌー、ドゥアリヌー、エヴァン（ドゥミ組）、ソルニエ（レネ組）、ギュフロワ……。これだけ華麗に揃っていればフランスの映画美術でいくらでも論文が書けそう。

帰りに、先日アポイントメントを取った「ドキュマン・シネマトグラフィック」を訪問。科学映画監督ジャン・パンルヴェの後継者ブリジット・ベルクさんが維持する、伝統あるドキュメンタリーの配給組織である。ここは実際にパンルヴェが住みながら事務所を構えていた場所で、中庭の奥にあるため、外のやかましいテルヌ大通りとは対照的な静けさに包まれている。表札にパンルヴェの象徴、タツノオトシゴのマークがあるだけで私なんかキャーですよ。「ジャンがいた頃から室内はあまり変わっていません」とベルクさん。地下には35ミリ映写機まで備えた小さなホールもあった。「ムッシュー・オカダはあのオカダとは親戚ではないのですか？」「いいえ、岡田桑三とは関係ありません」。どうやら日本科学映画のパイオニアの子孫だと思われていたようだ。この会社は『ファルビーク』などの記録映画作家ジョルジュ・ルーキエの作品の権利も管理しているそうで、DVDをいただいてしまった。今はパンルヴェ映画の権利事務を任されているという娘さんもいらっしゃって、短いけれども理知的な時間を過ごした次第。雨はまだ止まず。

【1月24日】

ノンフィルム部門の収集部長、マリアンヌ・ド・

フルリーさんについにお会いできた。現在のシネマテークの最古参で、30年前は誰も見向きもしなかったノンフィルム部門をたった一人で立ち上げた伝説の方である。アンリ・ラングロワ本人を知る恐らく唯一の現役職員で、というより母親がシネマテーク職員だったため少女時代からラングロワと面識があったという。気の遠くなるほどの映画人たちと渡り合ってきた彼女にはここの誰もが一目置いており、部下の呼びつけ方にもとにかく貫禄がある。「フィルムより注目されないので不安でしょうが、自分の仕事を信じて前進してください。将来フィルムがなくなる日が来ても、ノンフィルム資料だけは本物ですから」。最敬礼！

タネール『どうなってもシャルル』@シネマテーク。人生の味わいは逃亡にあり。なるほどミシェル・シモンに敬意を表してルノワール『素晴しき放浪者』の見事な裏返しか。

【1月25日】

さすがに身体が休めと言っている。今日は、東京との仕事上のやりとりをしたり来週以降の予定を調整した以外は、散歩と買い物に費やした。引き続きスーパーマーケットが楽しくてたまらない。パリには、初めて訪れた19年前に比べて日本料理店が異常に増えている。リュクサンブール公園近くのムッシュー・ル・プランス通りなど、短い区間に4つも日本料理店が並んでいてちょっと異様な光景。マノーニさんの「シネマテーク・フランセーズの歴史」をようやく60頁ほど読み終える。ようやく創立のところで、先はまだ長い。映画の発明者を簡単に「リュミエール兄弟」とは言えないように、フランスのシネマテークの始まりも簡単に「ラングロワの仕事」とは言えないことがよく分かる。1910年代からさまざまな試みがあったわけで、歴史記述の重層性が問われているのである。

【1月26日】

郊外のアルジャントゥイユ市で毎年恒例の「映画蚤の市」をやっているとマノーニ部長から聞いたので足を運んでみた。こういう行事、周囲に事情通がいないと存在を知ることもできないのでラッキーだった。そこへ行く列車は市内のサン・ラザール駅から出るが、いま住んでいるカルチエ・ラタンから駅まで話題のヴェリブ（パリ市営レンタサイクル）に挑戦してみた。日曜の朝で交通量も少ないのでスイスイ。19分での到着は明らかにメトロより早いはず。でも寒すぎて手がかじかむ。

アルジャントゥイユはパリからほんの十数分だ。「映画蚤の市」の本当の名前は"Les cinglés du cinéma"、「映画狂い」ぐらいの意味だろう。市の文化会館をまるごと借り切って、200もの業者が好き勝手に商品を並べている。世界各国の映画ポスター。スチル写真。ポストカード。ロビーカード。プレス資料。映画本。映画雑誌。映画フィルムそのもの（予告篇とか本篇とか）。VHSとDVD。あらゆるフォーマットの映写機。その他機械類と部品。ノベルティ類。すごいのは昔のVHSのパッケージの紙だけ集めて売っている人。こんなの、商品として成立するんだろうか。あまりの物量に頭がどうにかなりそうだった。以下は、今日僕が

「映画蚤の市」会場

話をした業者さんたち。

①キューバの映画ポスターを商う中年男性

かつて映画ポスターが面白かった国といえばキューバとチェコスロヴァキアとポーランド。一定のファンを相手に堅い商売をしていると思しい。一枚一枚丁寧に解説してくれた。キューバポスターの魅力はシルクスクリーンで一色ずつ乗せてゆく鮮やかさ。『ルシア』の美麗品は58ユーロ。決して高くはない。しかし人気の『はじめて映画を見た日』は120ユーロ！

②日本製印刷物専門の中年女性

クロード・シャブロル『スーパータイガー黄金作戦』の日本版ポスターが店頭を飾る。フィギュアも少しあるが、ご自慢はチラシ類で（さすが"Chirashi"の発音が良かった）、コレクターも結構いるので商売になるらしい。よくニホンへ行って仕入れてくるそうだ。基本的には買い付けますがチラシは劇場でも拾います、とのこと。しょうもない映画のチラシまで丁寧にファイルに収まっている。つまり、このテのコレクターは当の映画なんか観てなくても全然構わないわけか。

③チェコの映画ポスターに強いカナダの中年男性

キューバとポーランドほど人気ではないが、チェコスロヴァキアのポスターも面白い。僕の素性を聞くので答えたら、来日経験があり、フィルムセンターの図書室にも行ったことがあるとのこと。この方は英語だけ。会場では英語もよく聞こえてくる。彼のように海を渡って参加してくる業者も多いらしい。『リオ・ブラボー』チェコ版（プラハ公開1968年）を購入。

あと「フランス9.5ミリシネクラブ」のお年寄りたちも3人ほどいらした。噂には聞いていたが、ヨーロッパにはまだ9.5ミリの愛好者がいらっしゃる。季刊の雑誌"CINE 9.5"まで出しているが、さすがに皆さん高齢化してきて誌面にも会員の訃報が多い。富士フイルムの35ミリフィルムを縦に裁断し、穿孔機を用いて9.5ミリフィルムを作る業者（本来は現像所）があるとのこと。今でも自分らの作品を持ち寄って「9.5ミリ映画祭」を開催している。"Le neuf-cinq, c'est l'éternité!"（9.5ミリは永遠だよ!-）。おじいちゃん……。

一つ分かったことがある。シネマテークの収集活動を考える時、その所蔵品だけを見ていても意味がないのだ。こういう市場が成立しているという文化的背景があってはじめてアーカイブ資料の収集ポリシーも確立される。急に視野が広がった気がした。

【1月27日】

本日も資料保存庫。こちらで研修を受けていて面白いのは、学校では教わらない、仕事に密着した細かい語彙が増えることである。最初は文房具。例えば「セロテープ」「クリップ」「コピーミスの裏紙」など。やがて「台車」や「ポスター用の筒」や所蔵品の置き場所を示す「棚・列・段」番号なんてのも登場し、ポスターの裏打ちに使う「和紙」はこっちでも"Papier Japon"（日本紙）と呼ばれることが分かった。今日学んだのは「プチプチ」。シンプルに"Bulles"（泡）だそうだ。なるほどとは思ったけど、こちらではプチプチを指でつぶす楽しみは理解されるのだろうか。

【1月28日】

ナタリー・ブナジャムさん率いる印刷物部門へ。「印刷物」とはいったものの、書籍や雑誌のほかに図書室で視聴するためのVHSビデオやDVD（ブルーレイにはまだ懐疑的だそうです）、ウェブマガジンやウェブデータベースも範疇に入る。ここは6人体制だが男性はお一人だけ。私が"Cinéa-Ciné"（シネア・シネ）とか"Pour Vous"（プール・ヴー）とか戦前フランスの映画雑誌の題名を挙げたら雑誌担当のお二人が大層喜ばれ、ベルシー最深部（?）のせまーい秘密部屋へ連れていってくれた。あえて言えば「初期映画雑誌修復室」だろうか。新装開館してまだ3年ちょっとなのに、この部屋だけ埃っぽい匂いがする。二人がかりで楽しそうに説明してくれるので、こちらもニホンの大正期の映画雑誌のことをあれこれと話した。

日本の映画ウェブマガジンや映画データベースを教えてくれませんか、と言われたのでいくつかお教えした。そこへちょうど日本映画なんでも知りたいセバスチャンが現れたので、ウェブマガジン"Flowerwild"のトップページにある瀬川昌治監督の写真を指差して「日本の信頼できるシネフィルが再評価した偉大な喜劇監督ムッシュー・セガワ」と言ったら、忘れないようにか"Segawa, Segawa"と言って去っていった。

【1月29日】

朝、ベルシーに来ていきなり知らされたのだが、シネマテーク統合前のBIFI前館長マルク・ヴェルネ氏が主宰する研究会があるというので午前中だけ参加した。今日が第1回だそうで、テーマは「映画資料を用いたトライアングル社の研究」。映画史をかじった方には蛇足だろうが、トライアングル社は大監督インス、セネット、グリフィスらを擁し、超大作『イントレランス』や『シヴィリゼーション』を発表しながらも短命に終わったアメリカ初期映画の最重要プロダクションの一つである。まず、アメリカやフランスの研究機関に同社のどのような資料が所蔵され、これまで同社に関するどんな研究がなされてきたかをヴェルネ氏が詳説。続いて、同氏の教え子である学生さんがさまざまな資料（製作費計算書、フィルム輸送依頼書、挿入字幕作成指示書、染色箇所指示書など）をプロジェクターで提示しながら同社の映画作りの実務面（それは世界の映画産業の発展そのものである）について発表し、とても刺激的だったのだが、その5倍ぐらいヴェルネ氏がしゃべるので彼がちょっと可哀相だった。

13年ぶりにフランソワーズ・アルヌールさんに再会して昼食をご一緒した。13年前は彼女の方がジャン・ルノワール映画祭のために来日したのだ。とてもお元気そうで嬉しかった。いま思い出しただけでも胸が詰まりそうなので、今日の日記はこれで終わり。

【1月30日】

昨日からシネマテークではジョン・ランディス特集も始まった。ダニエル・ダリューとタネールとランディスを同時にやる感覚に脱帽。ランディスといえば自分にはやはり『ブルース・ブラザーズ』なわけだが、こういう監督としっかり向かい合おうとするシネマテークのこだわりには特別なものを感じる。

【1月31日】

先日ちょっと覗いてみた、フランソワ・トリュフォー映画図書館を正式に訪問。ベテラン司書のジョスリン・ル・ダルズさんに案内していただく。ピンクと赤を基調にした派手な内装からはやや想像が難しいが、ここもパリ市の長い図書館運営史の蓄積の末にできたものである。２００６年まで、その多くは6区にある別の市立図書館の映画書部門をなしていたもので、収集開始以来「独立」を果たすのに40年近くかかったそうである。命名の由来は、トリュフォーの右腕だった脚本家ジャン・グリュオーの個人資料が寄贈されたこと。原則すべて貸出可なのは市立図書館の共通ポリシーで、本だけじゃなくＤＶＤまで貸してしまう。というわけで、かなり高い権利料を払っているようだ。貸出は、借りたい人が自分でオートマチックの貸出マシンを操作して手続きをするしくみ。フィルムセンター図書室と同じで午前中は閉館。その分、グリュオー資料を特別閲覧する研究者の姿が見られた。

【2月1日】

２００５年９月の新しいシネマテークの開館以来、そこで映画を観た日本人の方々から二度か三度ほど聞いたのが、すぐ向かいに"Mastroianni"（マストロヤンニ）なるピザ屋があるぞという話である。でも、そこで食べたという話は聞かない。まあ、シネマテークのお向かいだから映画スターですか、という感じはするわけだが、果たしてここのピザはめちゃくちゃに美味しかった。別の日にタリアテッレを頼んだがこれも猛烈にうまかった。実際に店の壁は分かりやすくソフィア・ローレンだったりアルベルト・ソルディだったりするわけだが、いつも満席なのも納得の味である。再開発地区のベルシーはつまんない界隈だとみんな言うけれど、ちょっと歩けば他にもうまい店は見つかる。

他人のオフィスで毎日を過ごしていると、日々のランチに付随する慣習も分かってくる。午前のうちに誰かに内線で電話をかけてランチの約束。「今日はムッシュー・オカダもいるのよ〜、どう〜？」。で、職員通用口で待ち合わせてどこかのレストランへ行く。若手の多い部署では、サンドイッチか何かを買ってきて、作業机を囲んでみんなで食べている場面も見た。で、別の部署の同僚と食べる時などは、なかなかオフィスでは言いにくいような、仕事上の問題や意見を大真面目に述べ合っていることも多い。フランス人同士の会話速度にはあまりついてゆけないが、それでもこういうところで組織の性格が少しは見えるもの。今の問題の多くは、組織が急に大きくなったので何をするにも調整が面倒になったことに起因するようだ。

【2月2日】

現在のシネマテークの展覧会は、シャイヨー宮時代の「映画博物館」の流れを汲む常設展、その時々の企画展のほかに、スタート時には終了日を定めていないが長期の展示を意図したいわば「半常設展」があり、計３つの会場が存在する。現在の「半常設展」は去年4月に開始した「メリエス、映画の魔術師」展で、結局今年の6月までと定まったようだ。先日駆け足で回ったのだが今日は時間をかけて観た。さすがマノーニさんの監修というべきか、そう簡単にメリエスを導入してはくれない。映画発明以前の見世物文化としての魔術をじっくり紹介し、次に風刺画家でもあった映画以前のメリエスに着目、そういう知の厚みの中から「映画魔術師」の誕生を浮き上がらせる。もちろん『月世界旅行』など代表作の世界もたっぷり紹介するが、ラストは「なぜメリエスは没落したか」。パテ社の大工場の模型を見せて「こんな大きな会社でなければ映画が作れない時代」を否応なく理解させてから、その横にモンパルナス駅の小さなおもちゃ屋になった老メリエスの写真を並べる。讃辞の言葉として「教育的!」と言いたくなった。

[2月3日]

起きるとまた雪である。しかし寒波の気配はなく、単に天気が悪いので雪になりました、という感じ。今日は南西の郊外にあるシネマテークのサン=シール保存庫へ行く日だが、高速地下鉄が雪で運転を見合わせていたので仕方なくモンパルナス駅へ移動して国鉄に乗る。40分ほどで最寄り駅のサン=カンタン=アン=イヴリーヌに着くが、新しい建物が多く、どこか多摩っぽいショッピングセンターもあるので、東京で言えば「南大沢」ぐらいの雰囲気か。そこからさらに車に乗せてもらってさみしい林の中へ。

パリ郊外、シネマテーク・フランセーズのフィルム保存施設。19世紀の城砦を活用している

かつての砦の址に建設されたこの保存庫は、時間もゆったり流れていてベルシーとは別の独立国

のようである。フィルムの法的納付（Dépôt légal）先と定められたCNCアルシーブとは仕事上の棲み分けがあるので、シネマテークが保存するのは、主に配給会社やプロデューサー由来の上映用ポジフィルムと映画人からの寄託フィルムである。最近で言えばフィリップ・ガレル作品の全素材もここに収められたが、そういうあたりには映画作家との関係を大切にするラングロワの伝統も感じられる。カミーユ・ブロ＝ヴェレンス課長からこの事業の説明を受けてから各室を訪問したが、復元部門では、準備のためにちょうど『ぼくの伯父さんの休暇』の可燃性オリジナル・ネガ（！）をチェックしているところだった。ジャック・タチはこの映画を二度も再編集し、さらにシーンを撮り足した（船が二つに割れてサメに化けるシーン）のでチェックも大変。見学をしつつ、ユロ氏のテニス（ラケットを前に突き出してからスイング）のシーンでは画像の傷を少し指摘したので、0・001％ぐらい私も復元に貢献したのかも。あとその隣室に珍しくネクタイの男性がいるので誰だろうと思ったら、ジョルジュ・ムーリエさんというアベル・ガンスの研究者で、シネマテークに協力して『ナポレオン』の復元のための調査をしているという。各ジェネレーションにわたる気の遠くなるような種類の素材（CNCの素材だけで179缶！）を比較検討してシーンの異同を調べており、その概要を機関銃のような猛烈な語り口で説明してくれた。こういう過剰な人こそ映画には大切なのだと改めて思い知らされる。

【2月4日】

今日もサン＝シール保存庫へ。まずフランソワ・ラフォールさんから、CNCアルシーブ、シネマテーク・ド・トゥールーズと3機関で共同運用しているフィルム用データベース"Lise"（リーズ）の解説を受けるが、質疑応答をしたらもう昼食の時間。さすが独立国だけあってここには台所があり、今日はニホンからお客さんもいるようだし、とクレープを焼く手はずが整っていて、全員で大きなテーブルを囲んで和気あいあいとクレープやワッフルをほおばった。フランス人の食事中の話題は結局食べ物のこととは聞いていたが今日はまさにそれ。私にはあまり理解できないレバノン料理（ファラフェルだけは分かったけど）について熱弁が繰り広げられていた。
　午後、フィルム検査室へ行くとフィリップ・アズーリさんがいた。フランスで最もアクティブな映画批評家のひとりであり、来日もされたフィリップさんのもう一つのお仕事は、シネマテークのフィルム調査である。今日彼が取りかかっていたのは、レバノン内戦下の民衆生活を撮った16ミリのドキュメンタリー。スプライスだらけの劣化プリントを扱う手際の良さに感嘆。画面を指さしながら「この映画は撮影時期がはっきりしてないいんだけど、インタビューを受けているこの政治家はカマル・ジュンブラットだから、少なくとも彼が暗殺された1977年までに撮影されたはずなんだ」。批評の仕事と並行してこういう地道なドキュメンテーションもやっている彼のスタンスに、この国における映画アーカイブの成熟を見た気がする。
　あと今日は、同じ台所でシネマテーク職員の労働組合集会もあったりして、組織内の労使関係が急に理解できた日でもあった。こちらでは労組は事業所単位で組織されるのではなく、各自が支持する組合を決める。シネマテークでは、共産党に主要な基盤を持つ大手のCGT（労働総同盟）が第一勢力で、それに続く第二・第三勢力は社会党系のCFDTとアナルコ・サンディカリスト系のCNT。CNTというとスペイン内乱で活躍した伝説の党派だが、今でも具体的な勢力なのだと遅まきながら知るのであった。毛を逆立てた黒猫のCNTマークがかっこいい。

【2月5日】

　編集部の福本明日香さんにお願いしておいた「映画芸術」誌の日本映画ベストテン号がこちらに

届いた。感謝感謝。さっそくセバスチャンが点数表のコピーをとっていった。

もうすぐシネマテーク・フランセーズでの研修は終わりになる。今日はジャン＝フランソワ・ロジェ課長率いるプログラミング部門へ。私のここでの研修の主なテーマはノンフィルム資料だけれども、上映の仕事がシネマテークの本丸であることに変わりはない。何を説明しても明晰きわまるロジェさんのもとには6人の担当がいて、いちばんの古株がアルベルト・デル・ファブロさん。ここで上映されるフィルムのうち手持ちのものは30%から35%で、あとは外部から借りるので、フランスにあるさまざまなフィルム貸出団体について説明していただく。アフリカ映画ならここ、フランスの有名監督の知られざる短篇文化映画はここで結構見つかる、などなど。後者は当然16ミリプリントも多い。サン＝シールで知ったのだが、シネマテークには実は大量の16ミリコレクションがある。昔のアメリカ映画などでそういう配給ルートがあったことと、保存用のほかに貸出用に16ミリを一本作っておくとよいというラングロワの方針(それが自然に思えた時代もあったのだ)のためである。現存する映画はどんなものでも大抵は見つかる、という感じがしてくるところがニホンとは違う。羨ましい。

[2月6日]

かなり楽しみにしていたオンライン編集部門へ行く。つまりヴァーチャル・ミュージアムをネット上に構築する部署である。スタッフは4人。シルヴェット・ボドロ資料を用いた「スクリプターの仕事」ページなどは去年から気になってはいたのだが、細かい資料が多くて本物の展覧会に向かない、文章によるコンテクストの説明がかなり必要、などの理由でこういう資料は確かにインターネット向けだと再確認。ただ、著作権処理を別にしても、サイトの構築だけで随分お金がかかることも実感した。ちょっと萎える。午後は全コレクションを統括しているジョエル・デール部長と意見交換。こういう人とサシで話すのが怖くなくなっただけでも、我ながら成長したものだ。

夜、バスチーユに集合して日仏混合でビストロへ。友が友を呼んで結局10人ぐらいになる。ステーキがうますぎる。最後の方の話題は、ニホンの文化状況はひどいと思うし、フランスの状況はそれに比べるとずっと健全だと思うけど、それをフランス趣味だとか無いものねだりとか思われずにちゃんと日本社会に説明するにはどうしたらいいのか、であった(ような気がする)。それでも今はニホンに帰って新しくやりたい仕事がいっぱいある。予算の許す限り……。

【2月7日】

高速地下鉄に乗って考え事をしていたら乗り過ごしてしまった。運の悪いことに、市内を抜けると10駅ぐらい飛ばして郊外へ直行する列車だった。あわててシネマテークへ「遅れます!」と謝りの電話。

エミリー・コキーさんの部署へ。フィルムの貸出・試写と対外普及事業を担当している。貸出の際は上映権の所有者の諒解だけで申請が可能だが、展覧会で映像を使うときなどの動画複製には企画の発案者(しばしば監督)、作曲家、脚本家を加えた4方面の許諾が必要になると聞いて驚く。今回はあらゆる場所で著作権論議に花が咲いた。少し時間が余ったので映画教育の部門まで見せていただいた。

まだちょくちょく顔を出すのだが、公式には本日でシネマテーク・フランセーズでの研修は終了である。非常勤職員のバッジをいただき、一か月もの間好き勝手にシネマテークのオフィスをうろうろさせてもらった経験の重さは計り知れない。彼らが私のために割いてくれた時間を思うと、自分が背負ったものの大きさを考えないわけにはゆかない。マリアンヌ・ド・フルリーさんが去り際の私にまた励ましの言葉をかけてくれた。初日にお会いしたきりのトゥビアナ館長も「えっ、もう一か月経ったの！」と驚いておられた。2005年の再開館でホールが3つになったことなど、シネマテークの上映面での充実は早くから語られていた。しかし、その真の質的発展は2007年のBIFIとの統合から始まったと私は結論したい。またそこから考えるに、映画を「作りたい人」と「観たい人」ばかりが目立つニホンの状況が不自然に思われてならない。

【2月10日】

今日から、郊外のボワ・ダルシーにある国立映画センターのアーカイブ部門（CNCアルシーブ）へ。途中、モンパルナス駅でシネマテークのサン＝シール保存庫へ出勤中のマチュー・グリモーくんに偶然出会い、同じ方向なので列車で雑談。アニメ作家のポール・グリモー（『王と鳥』）と名前が同じということで、アニメーションの話になる。フランスは映画が好きで成熟した好青年がかなり多いなという印象を強くする。

迎え入れてくれたのは、FIAFの主要メンバーとしても活躍されている保存部長のエリック・ル・ロワさん。ここでの主なテーマはフィルムのデジタル化とその活用。ここはフィルム現像所を持つ伝統的な映画保存の拠点であると同時に、フランスにおける映像デジタル化の重要拠点であることもよく分かる（最重要拠点はテレビ番組保存の国立視聴覚研究所＝INAだが）。ただし、デジタル・アーカイブに過度の重点を置くことなく、フィルムとデジタルの使い道をしっかり弁別して仕事を構築している。むかしはシネマテーク・フランセーズと敵対したCNCアルシーブだが、今はさまざまな事業で協力している。特にここには28ミリだの15ミリだの75ミリだの、普通の映画関係者なら生涯耳にすることのないだろうマイナーな規格のフィルムに対応できるスキャナーがあり、ここに頼るしかない仕事も少なくない。映像視聴システムを体験させてもらったがなかなか使いやすかった。ちなみに視聴したのはジョルジュ・ルーキエの『児童手当』と『馬車』。前者は、子どもの多い家族に会社が手当を支給するようになった経緯を説明したもの。後者はノルマンディーで馬車の車輪を専門に作る一家の仕事ぶりを記録したもの。やっぱ文化映画ってどの国でも面白いなあ。

エリックさんの執務室にはやたらとジャン＝ピエール・モッキー作品のポスターが貼ってある。彼の書いたモッキーの研究書を書店で見たのでその専門家だと気づいてはいたが、なんと若い頃にモッキー組の助監督をしていたのだそうだ。それからシネマテークのサン＝シールで働いて、「裏切り者と言われながら（笑）」こっちへ転じたのだとか。助監督をやっていた映画アーキビストなんて聞いたことがない。

【2月11日】

本日はCNCアルシーブの2日目。シネマテークのサン＝シール保存庫と同じく、ここも187 0年代に建設された砦である。なぜ第三共和制になってパリ郊外に砦なんか？　と思ったので案内のミュリエルさんに訊いてみると、パリ市を取り囲む城壁だけではパリは守れないという普仏戦争の教訓からだそうだ。その堅牢さが、いまや政府指定の可燃性フィルム保存所として見事に役立っている。現在は不燃性・可燃性の両者にわたって適正な保存室が設けられているが、1969年に設立された頃はろくな設備もなかったようで、当初やむなくフィルムの保存場所にしていたという砦の地下を案内してもらった。これはほとんどカタコンブ！　今でこそ使用前のフィルム缶置き場でしかないが、当初はこんな石がむき出しの場所で保存していたとは笑える。「ラングロワ事件」に敗れた政府が、どれだけCNCアルシーブの設立を急いだかがよく分かった。

【2月12日】

ジャン＝フランソワ・ロジェさんはジョン・ラ

ンディス特集についてこう言った。「これこそフランス人の好みなんだ。フランス人は、自分らの国にはない純粋な娯楽を求めてどの時代にもアメリカ映画を好んできた」。なるほどと思ったのは、ここ20年ほどのニホンのアニメ文化に対するフランス人の嗜好もそれに近いと思ったからだ。彼らは、日本社会が文化に対して容認する一種の子どもっぽさに敏感に反応したのではないか。かつてはヨーロッパの街角の店に並ぶ日本アニメのビデオを興味津々で見ていたものだが、今は当たり前になりすぎて気にもならない。朝になれば「プリキュア」もどきのフランス＝カナダ合作アニメが毎日流れている。これもやはり自分らになかった文化への渇望なのではないか。これでいいのかなと思う一方、貪欲なのは最終的にはいいことかも知れぬ、とも。少なくとも、これからも（アメリカ以上に?）クラシックなアメリカ映画がたくさん観られる国であってほしいものだ。

フランス国立図書館の視聴覚部を訪問。映像課長のアラン・カルーさんに概要の説明を受ける。この国は法的納付制度が徹底しており、映画はCNCアルシーブ、テレビとラジオ番組はINAが納付先と決まっているが、ここにはそれ以外の全映像作品が納付される。巷で流通するDVDだの音楽CDだの政府機関のビデオだの、とにかくフィルムでないもの全部。アラン・レネの映画ではないが、「世界のすべての記憶」をどう処理するかを具体的に考えている場所なのだ。こりゃたまらん、とだだっ広い映像閲覧室を見て思わず日本語でつぶやいてしまった。

【2月13日】

午前は、東京から依頼のあった事業の実績報告書を書く。こういう書き仕事であれば、世界のどこにいても逃げられない時代だ。だから今やった方が後で楽になるに決まっている。

シネマテークのトゥビアナ館長が、ご多忙の中を縫って会ってくれた。会議だらけの中にクロード・ベリ監督追悼セレモニー（彼は2003年から2007年までシネマテークの理事長だった）にも忙殺されていたはず。私がスタッフ数や事業の拡大、質的な深まりについて率直に素晴らしいと述べたら、あまり詳しくは書けないが、というより私なんぞに明け透けに話すのかとも思ったが、要するにBIFIの統合以来組織が重くなりすぎて運営の苦労が並大抵ではない、と熱っぽく語られた。ほとんど一つの村をなすロシアのゴスフィルモフォンドのような社会主義式アーカイブ（行ったことないですが）を例外とすれば、200人以上を擁するここは紛れもなく世界一の映画資料館である。だから館長の悩みも世界でここだけの悩みかも知れない。フィルムセンターの小ささはいつも悔しく思うけれど、それでもシネマテークはここまで大きくならなくてもいいのかな、とも思った。「4月からはジャック・タチの上映企画と展覧会です。これからは、シネフィルの方だけを向くのではなく、もっと新しい大きな観客を獲得しなければいけません。タチ展はその一環ですし、例えば今やっているメリエスの展覧会もそうで、すでに大成功を収めています。多くの学校の先生が子どもたちを引率して来てくれました」。この指針はもちろん日本にも該当するが、ここでは組織の拡大に応じた責務でもあろう。それを「カイエ・デュ・シネマ」の敏腕編集長だった人物が言うのだから重みが違う。

【2月14日】

世界の写真史の中で、偏愛に値する技術があるとすればそれはオートクロームではないだろうか。近くに寄ってみると、微細に埋め込まれた三色の粒々が見る者にまた別の感慨をもたらす、20世紀初頭のカラー写真技術である。アルザス出身のユダヤ系銀行家アルベール・カーンは、1909年から世界恐慌で破産した直後の1931年まで、私財を投じてスタッフを世界各地に派遣し、オートクローム写真（約7万2000枚）と記録フィルム

（約17万メートル）を撮らせた。日本にもロジェ・デュマというキャメラマンが来ているそうだ。世界を撮影させただけならすでにリュミエール兄弟がやった仕事だが、カーンの事業が異なるのは明らかに学術的、社会還元的な発想を持っていたことである。つまり彼は、日本でいえば渋沢敬三を拡大したような人物ではないか。というか、カーンは渋沢栄一と親交があったというから、渋沢家もカーンから学んだのだろう。

アルベール・カーン博物館はブーローニュにある彼の邸宅の跡地に建てられている。意外とメトロの駅前でほっとした。今の企画展はカーン・コレクションのうちインド関連の写真と記録映画。館の方針により、オートクロームはすべて透明プラスチック板上に複製したものを背後から光で照らすようにしてあり、視覚効果は抜群である。なぜ私たちはオリジナルを展示しないのか、とわざわざ保存上の理由を説明した文章まで入口の近くに示されている。１９１０年代のインドの街角、たたずむ人、火葬、大建築、貴族の肖像、浜辺などが色彩でよみがえる様には身震いさえしてくる。カーンは映像の人であったと同時に庭園の人でもあり、展示室からそのまま庭園に出られるようになっている。日本風・英国風・フランス風の３つの庭園があり、さらに奥にはカーンの出身地であるヴォージュ風の明るい森林が広がっている。森林の奥にも家が建っており、どうやら今は学芸員の執務室のようだ（こんなところで働きたい）。カーンは自分らの集めた映像資料を"Archive de la Planète"（地球映像資料館）と呼んで保存していた。もちろんカーンは破産したので現在は博物館・庭園ともにオー・ド・セーヌ県の所有である。可燃性のオリジナル・フィルムもＣＮＣアルシーブへ寄託されている。私は、本当はこういうものを毎日眺めて暮らしたいと思う。

その後、ジュ・ド・ポム美術館のロバート・フランク展へ。かの写真集"The Amercians"（アメリカ人）は持っているが、パリを撮った一連の写真は初めて見る。なぜか冬の写真が多く、霧の中へ、雨の中へ消えてゆくようなパリだ。帰り際に地下に寄ったら、マリオ・ガルシア・トレスというメキシコの若い美術作家の作品にびっくりさせられた。一連の白黒写真を数秒おきにスクリーンに投射する方式だが、そこに写っているのはなんと東京は市ヶ谷の日本シネアーツ社！　なんでまた、と思ったら2006年にピリオドを打った伝統の字幕打ち込み技術、いわゆる「パチ打ち」字幕の最後をノスタルジックに記録した作品であった。意外にも程がある……。せっかくジュ・ド・ポムへ行ったのだから、とその別館であるシュリー地区のジュ・ド・ポムにも地下鉄で行ってみる。訳すと「パリ、写真の首都1920―1940」という展覧会。戦前のフランス写真界は、ブラッサイやケルテスだけでなく、実に多くの東欧人に支えられていたのだと分かる。あとロール・アルバン＝ギヨは、写真家なのに国立シネマテークの設立のために政府に担ぎ出され、先に私立でシネマテークを作っちゃった若きラングロワに敵対した人物だが、顕微鏡などを使った彼女の写真実験は大変面白い。さらにこの展覧会、映画界からなんとジャン・パンルヴェも参戦していた。オマール海老のハサミの超拡大写真……。と、記録映画もあったが主に写真に埋もれた一日であった。

【2月15日】

ジュ・ド・ポム美術館で働く小山内照太郎さんのお誘いで、"L'autre côté"(反対側)@パリ日本文化会館。『アデルの恋の物語』や『アメリカの夜』など1970年代以降のトリュフォー作品、そしてモーリス・ピアラ、フィリップ・ガレル、セドリック・カーンなどの作品も手がけている編集者ヤン・ドゥデさんが監督したビデオ・ドキュメンタリーである。このヤンさん、実はニッポン大好きおじさんで、編集助手として日本の方を養成されているほどのパッションの持ち主。それにしてもこのビデオ、東京や大阪や四国をめぐりながら車窓や宿や旅先で出会った人々を撮っているだけで、どう見ても「観光客の思い出ビデオ」でしかない。何を見てもうれしいうれしい、である。だが「うれしいうれしい」自分もキャメラの被写体であり、その狭間からユーモアがたびたび湧き出ている。山形映画祭で上映されるといいなあ、と独り言。

【2月16日】

それなりに穏やかな日曜日。以前フィルムセンターでインターンをされていて、現在はパリ第3大学でクリス・マルケルの研究をされている東志保さんとオデオン周辺でランチ。とめどなく映画とパリ生活のお話。

コンコルドに移動して、ジュ・ド・ポム美術館の地下ホールでルネ・クレールの初期短篇『眠る巴里』『幕間』『塔』、そしてウージェーヌ・デスラヴの『モンパルナス』と『電気の夜』。『眠る巴里』はいわゆる名作なのにフィルムセンターに所蔵がないというだけの理由で未見。これ、子ども向け上映に最適の映画だ。まとめて観ると分かるが、このクレールの3本は互いにつながっているのだった。フィルムセンターの『幕間』は無声だが、これはエリック・サティの華麗なスコアを1967年に録音し直した版で、こんな楽しい映画だったのかと今回ようやく気づいた次第。というわけで、自分がルネ・クレール主義者だったことも再確認できたコンコルド広場の午後であった。さてデスラヴは初めて観るが、1930年のパリやベルリンなどの電飾やネオンサインだけで構成された『電気の夜』は、ラスト近くになるとオスカー・フィッシンガーの絶対映画みたいになってきてかっこいい（「電気」と言いつつ最後は花火だった）。デスラヴはウクライナ人の白系亡命者で、チェコを経由してパリでこういう映画を撮ってから1939年からはフランコ治下のスペインで活躍したという右翼っぽいアヴァンギャルディストらしい。『モンパルナス』では藤田嗣治が一瞬出てきてびっくりした。上映前にローザンヌ大学のフランソワ・

アルベラの解説があり、「ご覧になる前に私がしゃべり過ぎるのもなんですが」とか「そこの2歳ぐらいのお子さんは飽きているでしょうが」とか「もうすぐ上映にしますからあと少し」とか意識的に付け加えながら25分をしゃべり切ったのが素晴らしかった。

夜は、高橋晶子さん&ダニエル・サンドバルさんご夫妻のお宅にお招きいただいて夕食。FIAFのマドリッド会議でダニエルさんと知り合ってからもう10年になることに気づく。彼が率いるチリのラ・セレナ無声映画祭(今回で第8回)の写真を見せていただいた。ラテンアメリカの地方都市の映画祭は、ヨーロッパの映画祭ともまた違う祝祭性があるようですごく楽しそう。今晩はお食事も素敵だったが、ダニエルさんから映画アーカイブ界の裏話をいろいろ聞いてそちらもおなかいっぱい……。

[2月17日]

週明けである。いそいそと北の郊外サン・トゥーアン市にあるゴーモン・パテ・アルシーブに伺う。その名前の通り、ゴーモン社とパテ社の映画を専門に扱う、フランスでは珍しい純粋な民間フィルム・アーカイブである。とはいってもトーキー以降はいずれもここではなく本社扱い。ここでは劇映画なら無声映画しか扱わない。しかし記録映画・ニュース映画は時代に関わらずすべてここ。ルイ・フィヤード作品の復元を手がけたアニエス・ベルトラさん("Agnès. B"と名乗られていた)に事業概要をご説明いただくが、何しろここは自社の映画しか扱わないから、著作権について心配する必要はゼロ。「復元」とはいっても民間だけに、ここだけでできることはDVD水準。フィルム水準の本格的な復元はお金もかかるのでやっぱりシネマテークやCNCアルシーブと共同でやるしかない。採算が簡単に取れる部門とは思えないだけに、こうやって15人のスタッフが働いているのは立派なものだ。このアーカイブ、ウェブサイトに登録さえすればデジタル化済みの映像がネット上でどんどん無料で観られる。

今回はパリ北部にはあまり用事がなかったので、いいチャンスとばかりに帰り道にモンマルトル墓地へ寄ってゆく。ここの主は何といってもスタンダールとゾラで、映画界ではトリュフォーとギトリ家、さらにアンリ＝ジョルジュ・クルーゾーという大物監督が眠っている。作曲家ジョセフ・コスマのお墓に「枯葉」のさわりの部分が五線譜で彫られていたのも泣けた。しかし、私の本当の目的はシャルル・フーリエの墓を訪ねることだ。調和ある世界を構想しようとして、結局突拍子もない書物ばかり世に出すことになったこの思想家を私は深く尊敬している。馬鹿だと言われても構わず、世界をいったん最初から考え直してみること。その奇想はわが脳天を永遠に刺激する。「情念引力」によって生きてゆける世界が来るまで、私はとりあえず様々な不自由を忍んで日々の仕事に励みます。ありがとうございました。

夜はずっと夏の土本典昭展の構想を練る。東京で考えるより集中できていい。資料がないのが困るが。リュサス・ドキュメンタリー映画祭に招かれた土本さんの映像を提供してくれたセバスチャンには本当に感謝している。

[2月18日]

今日の昼間、アポイントメントをどこにも入れてなくて本当に良かった。朝っぱらからニホンとの連絡に忙殺される。原稿の手直し2つ、返信メール11本。帰国も遠い話じゃないんだと思い知る。ニホンが22時になる14時頃、ようやく落ち着いてコインランドリーへ洗濯に行く。なんだかここでは常連化してきており、アメリカ人カップルやアラブ系のおじさんにここの洗濯機の使い方を教える羽目に。夜、こちらにご滞在中の諏訪敦彦監督、吉武美知子さんとお食事。もうすぐ完成するという新作のお話など。三人で大量のお肉を平らげる。

今回の研修を通じて少しずつ考え始めているのは、映画アーカイブの仕事をめぐる大きな時間の流れのことである。例えば、フィルムセンターは1980年代まではほぼ純粋な上映機関であり、1990年のシンポジウムで初めてフィルム・アーカイブのなすべき仕事が本格的に論じられた。その後『忠次旅日記』などの発見に伴って映画の復元事業に着手したが、それだけでなく失われたフィルムの発掘事業も盛んになり、その成果を示す上映企画「発掘された映画たち」も定評を得るようになった。つまり現在のフェーズは、映画保存という事業の重要性を握りこぶしで訴え、その「偉大さ」を伝えることに重点を置いている。しかし、そろそろ別のフェーズの準備に取りかかってもいい頃ではないか。それは、この仕事に一種の「気さくさ」を備えることだと思う。映画保存とは、映画を好む人間なら誰にでも関係のある日常のものでなければならず、多くの人の中にアーカイブの持つ具体的なコレクションの認識を作ることが大切になるだろう。「あの人たちの仕事」と簡単に距離を作られないようにすること。ノンフィルム資料は、特にそれに当てはまる。任務の大きさを訴えつつも、親密さの側面を持つ時代へと変わってゆけばいいと思う。

[2月19日]

早朝、リヨン駅からトリノへ向かう。国境あたりは一面の雪景色だ。6時間弱でトリノ・ポルタスーザ駅に到着し、ホテルへ投宿。まだ夕暮れ前なので明日の予習とばかりに映画博物館へ行ってみるが、安さを求めて市街地から離れた宿にしてしまったので、いきなり市営バスの乗り方を覚えざるを得なくなる。パリのバスより説明が不十分でしかもイタリア語なのでやや緊張。乗り換え場所では片言の単語を繰り出しておばあちゃんに正しいバス停の場所を尋ね、どうにかたどり着いた。この街も随分広いのだ。

ここも「映画以前」のコレクションがとんでもなく豊富で、それだけで2階の一フロア（「映画の考古学」）をたっぷり占有している。特にステレオスコープ系の機材類は展示ケースの中にひしめくほどだ。ミュートスコープ（手回しパラパラ漫画覗き機）やら視覚遊具の多くが動くようにしてあるのも羨ましい。3階は吹き抜けの大きな広場になっており、上から垂れた2つの大スクリーンにトーキー映画と無声映画が絶えず35ミリフィルム（！）で流れている。4階は映画作りの各パートにかかわる資料の展示。分かりやすいものを挙げれば、チャップリンの帽子、マリリン・モンローの下着、ダースベイダーのお面、フェリーニのデッサン、などなど。特に意味があるとは思えない雰囲気的な展示品がいっぱいあるのもおかしい。謎の科学者の研究室とか。謎の貴族風サロンとか。謎のベッドルームとか。

映画博物館のポスター・ギャラリー。『戦場のメリークリスマス』のイタリア題は「Furyo（俘虜）」

　そして5階がポスター・ギャラリー。本当にすごいポスターというのは見た瞬間に涙が出てくるもので、例えばグラウベル・ローシャ『黒い神と白い悪魔』フランス語版、パゾリーニ『アッカトーネ（乞食）』オリジナル版、スコリモフスキー『出発』イタリア語版にうるっと来てしまった。展示する方も「すごいでしょ？」と言いたくて見せているわけで、その自信もしっかり受け止めたいところ。これらを観ただけで一日先に来た価値はあった。「ポスター芸術」として眺めれば、アメリカ映画はやっぱりヨーロッパより明らかに水準が下になる。

日本映画のコーナーでは、黒澤明（"Achira Curosawa"と綴られている）のイタリア版『羅生門』ポスター（1952年公開）に感激したが、実はその隣にあったイタリア版『雨月物語』がうむむだった。確かに題名もクレジットも『雨月物語』だが、横座りした着物の田中絹代をどんと出した絵柄は完全に『西鶴一代女』のもの。そりゃないだろう。でも、イタリア映画のコーナーはさすがに栄光の歴史を回顧するに足る内容で、心の中でイタリア映画に敬礼をした。『カビリア』の衣裳がまだ残っていたとは。

映画博物館が入っているトリノの「モーレ・アントネッリアーナ」

【2月20日】

トリノの映画博物館は、モーレ・アントネッリアーナという市内全体を見渡せる高い塔の中に作られており、展望台直行のエレベーターもある。これを東京に当てはめてみよう。フィルムセンターに行ったら、窓口で「展示室だけの券ですか？　それとも東京タワー展望台入場券つきの券ですか？」と聞かれるようなものである。違うか……。

　教育事業担当のパオラ・トラヴェルシさんに、改めて博物館の概要を説明していただいた。歴史研究とディズニーランドとシネフィリーをごった煮にする、という発想に改めて脱帽。とりあえず良さそうなものは何でも詰め込んでおく、がイタリア流だろうか。一つ残念だったのは、先週までやっていた企画展「フランチェスコ・ロージ展」が終わったばかりで、次の「ロドルフォ・ヴァレンティノ展」（ここはアメリカではないから「ルドルフ」ではない）を控えた展示替えの時期だったこと。その後、写真担当のロベルタ・バザノさんに博物館の写真コレクションのことを伺うが、興味深かったのは創立者マリア・アドリアーナ・プローロという人の立ち位置である。86万枚ある写真のうち、映画関係は75万枚で、残りの11万枚は映画以前の写真史に属するプローロ旧蔵のものだという。道理で「映画博物館」にしては19世紀写真の機材類がたくさんあったわけだ。これに1990年代に入手したジョン・バーンズ旧蔵の幻燈機コレクションを加えて、ここのプリシネマ系機材はかくも豊かになったのである。ただし、安定した保存場所がないのが悩みの種らしい。

【2月21日】

　映画博物館付属の図書館へ向かう。博物館本体が市の中心のやや東側にあるのに対し、こちらは南西部とかなり遠い。心配したクラウディア・ボッゾーネさんが、いったん博物館まで到着した私を、図書館近くまで行く路面電車の乗り場まで案内してくれる。移転して昨年9月に再開館したばかりだが、わざと博物館と別の地区を選んだそうだ。

　というわけで、シルヴィオ・アロヴィジオさんに正式名「映画博物館マリオ・グロモ図書館」を案内していただいた。ここのコレクションはプローロ旧蔵の由緒正しい図書から始まり、1910年代にトリノを拠点としたイタラ社の資料、ジョヴァンニ・パストローネ監督資料（『カビリア』を書い

映画博物館付属図書館の入口。チネロマンツォの表紙を拡大したパネル

たダヌンツィオ直筆の書簡!)、館名にもなった評論家グロモの図書など選りすぐりの文献からなるが、年月を重ねて、最近は笑いを誘う寄贈もあるらしい。例えば、ロドルフォ・ヴァレンティノの関連書なら何でも集めてきたマニアの文献学者さんの図書。同じ本が10冊もある……。これがあるからヴァレンティノ展が可能だったのか。あと、オーケストラの指揮者さん旧蔵のＶＨＳビデオコレクション数千本。バランスよく世界の名作が集まっているのが微笑ましい。映画人の個人資料としてはレナート・カステラーニ資料、マルコ・フェレーリ資料、フランチェスコ・ロージ資料、エリオ・ペトリ資料などなど。

奥の部屋へ入ると、若いミケーレくんとマルコくんが乱雑に積まれたプレス資料の整理をしていた。なんか見慣れた光景だなあ。東京の職場を思い出した。今日のイタリア語単語、「プレスシート」は"Il pressbook"だそうで。あと、イタリアの映画刊行物で特徴的なのが１９３０年頃に始まった"Cineromanzo"、つまり「シネロマン」の隆盛。もともとは、映画館のない地域の人たちのために作られたもので、当初はストーリーの説明だけだったがその後スチル写真も入って豪華になり、１９５０年代には最盛期を迎えるがやがて成人映画専門となり１９７０年頃には消滅した。ああ、映画刊行物のことだけで国際シンポジウムを開きたくなってきた。

一緒にピッツァを食べに行ったが、ミケーレくんとマルコくんはいいコンビだ。この図書館はシネマテーク・フランセーズ図書室ほどの誇り高さは感じさせないが、なごやかな雰囲気で大変居心地がいい。それはサイズ的にフィルムセンター図書室に近いからでもある。整理中の資料がかなり残っている点も似ている。それにしてもピッツァがデカい……。

【2月22日】

快晴のトリノから曇天のパリへ戻る。イタリア人の多くにとって、ニホンなんて日頃は意識の端っこにもない国だろうから、ちょっとした話でも面白がってくれる。「スパゲッティ・ウェスタンを日本ではマカロニ・ウェスタンと呼ぶ」程度の話題で大いにウケてしまっていいいんだろうか。ややセコい話だが、博物館のコレクションの概要を聞くと、本来は管理と活用法を学びに来たのだが、つい「日本で展覧会ができるかな？」という目で見てしまう。しかし突然東京で「映画監督フランチェスコ・ロージ展」をやるわけにも行かないだろう。確かに『シシリーの黒い霧』は素晴らしいけど、こちらにはこちらのコンテクストがあるわけで。「エリオ・ペトリ、日本じゃあんまり知られてないんですって！」。まあ、こういう落差が面白いんだけど。それにしてもトリノは日本人の姿のない都市であった。

この旅も徐々に終わりに近づいている。「映画関連資料」というテーマを提げてきたが、「かなわん」というのが正直な感想だ。ヨーロッパにとって映画は突然生まれたものではなく、従前に存在したあらゆる文物の歴史を背負って誕生したものだ。しかし欧米以外では映画は「伝来」したものであり、そこに在来文化を事後的に接ぎ木してきた。興味深さの点ではどちらも面白いのだが、こと映画資料に関してはその差の意味するところは大きい。「リュミエール直前」「エジソン直前」の光学的娯楽の世界がいかに豊かだったか、19世紀のポスター芸術がいかに成熟していたか、それらを無視して映画誕生以降だけを考えるのは不自然なのだ。

しかしそこを理解した上でも、映画資料が「映画」と「人間の日常生活」を結び付けるマテリアルであることに変わりはない。今の日本の映画言論に欠けているのは、過去100年以上にわたる私たちの暮らしのモードとして「映画」を捉えることである。私が過去に書いた雑文の中で、比較的反応があるのはやっぱり個々の映画を評した文である。しかし、あまりにも明白だが、私の映画評など大したことはない。批評は他の優れた方々に任せておけばよい。私が関心を抱いてきたのは、研究者の論文とは別のスタイルで、映画にまつわる言論の形をもっと多様にすることである。そのためにノンフィルム資料が雄弁な素材であることは間違いないだろう。

【2月23日】

ジュ・ド・ポム美術館で『アルベール・カーンの撮影技師たちが見たパリ1913―1928』。先に書いたカーンの膨大な記録フィルムから、パリに関する映像を1982年に編集して88分にまとめたもの。「ドキュメンタリー」でも「トラヴェローグ」でも「ニュース映画」でもない。街角。建設と解体。イベント。災害。政治運動。子どもたち……。個々に日付と撮影場所が明記された、まさにナマの映像の集積である。パリ中を水浸しにした1924年の洪水の光景に息を呑んだ。撮影速度が修正されておらず、恣意的な効果音や1980年代前半らしい甘ったるい電子音楽が付された版で、しかも現在は上映可能なプリントがない(!)ためビデオ上映だったのだが、それでもこの世界網羅的な視線はフレデリック・ワイズマンの遥かな先駆だったと思えてくる。

【2月24日】

永井荷風が銀行員をやっていた都市、リヨン。第一印象、パリよりもさっぱりしていて居心地が良い。特に地下鉄がゆったりしていて清潔だ。明治時代に富岡製糸場を作った人々もここで学んだわけだ。列車の中で考えたのだが、外国へ行って研修をしてくるというのは実にニホン的な制度ではないか。ヨーロッパの博物館学芸員には、経験を積むためのインターン的な実地研修はあっても、こういう制度はないだろう。時々「もう欧米に学ぶことなんかない」などという人がいて、まあそういう分野もあるのかも知れないが、現に私は吐き気がするほど沢山のことを聞いてむしろ消化できないでいる。つまりこの制度はいまだ有効なのだ。明治の官費留学生とあまり変わらないのだと思うと笑える。

明日はリュミエール協会へ行く。"Institut"を「協会」と訳すか「研究所」と訳すか、前々から悩ましく思う。地下鉄は「モンプレジール＝リュミエール駅」、住所も"25, Rue du premier film"（最初の映画通り25番地）だそうだ。リュミエール協会はまあそれでいいわけだが、むしろその並びに「最初の映画通り」に暮らす人々がいることが面白い。

【2月25日】

リュミエール協会を訪問。ここでは「リュミエール」とは必ずしも映画の発明者のことではなく、「リュミエール家」のことである。ルイとオーギュストの父アントワーヌによる写真製品の製造事業から説き起こし、兄弟の映画以外の発明にも視野を広げないと正確な理解は得られない。アルベール・カーン博物館にあったオートクローム写真もリュミエール社の発明だし、負傷兵士のための義手まで開発していたとは驚いた。

セシル・ブールジャヤさんによる事業説明の後、図書室責任者のアルメル・ブールドゥルスさんに所蔵資料について解説していただく。事務所を含

上：地下鉄モンプレジール＝リュミエール駅前の記念碑。「この地区でリュミエール兄弟はシネマトグラフを発明した」とある／下：リュミエール博物館外景

めた博物館の建物はもともとリュミエール家の邸宅で、現在映像ホールや駐車場になっているところが工場だったという（もちろんそこには「工場の出口」もあった）。しかし売店に行ってみると、フランスの他の映画機関の売店とどこか雰囲気が違う。ポストカードも変にウディ・アレンの映画が多いし、出版事業もジョン・ブアマンだのジャン・オーランシュだの、強調されている人が違う。現在の上映はシドニー・ルメット特集。そうか、ここは「ポジティフ」派の拠点だったのか！　リュミエール家の栄光の陰に隠れて分からなかったが、理事長はベルトラン・タヴェルニエだし、なるほど。道理で「カイエ・デュ・シネマ」誌に批評基盤を持つシネマテーク・フランセーズとは共同事業をやらないわけか……。

リュミエールの会社は義手の製造でも知られていた

【2月26日】

リヨン・ペラーシュ駅を朝早く出て在来線に乗り、ヴァランスでTGVに乗り継ぐ。14時過ぎ、フランス人が住みたい都市ナンバーワン（だそうです）、トゥールーズのマタビオ駅に到着。同じ快晴でも、ここでは光線の輝きがまったく違う。リヨンでも少し思ったが「パリにうんざりする」という感覚がここではっきりした。

この街は、中心地区なら頑張ればどこでも徒歩で行ける。明日の訪問に備え、トリノの例にならってシネマテーク・ド・トゥールーズを事前偵察。明日行けばいいようなものだが、我慢できずついつい足が向いてしまう。受付のホールが展示コーナーにもなっていて、1910年代前半のポスターが飾られている。私は田舎の出身なので「地方都市におけるシネマテーク」というあり方に前々から関心がある。周辺自治体を合わせて人口約100万人とは日本なら仙台市や北九州市ぐらいである。もはや伝説の映画批評家レイモン・ボルドが設立したこのフランス第二のシネマテークに、映画文化と地域住民との溶け合い方の一例を確認しようと思う。帰りにガロンヌ河の近くを通ってみると、たくさんの人が岸辺に腰かけて語り合っていた。大学都市のようで若い人がとても多く、見ただけで入りたくなる可愛いカフェがいくつもある。

【2月27日】

シネマテークは市の中心街のトール通り、ルネッサンス期の煉瓦造りの門をくぐった中庭の奥にある。全事業を統括しているクリストフ・ゴーチエさんが待っていて、午前中は図書室と上映事業を、午後はバルマ市の「シネマテーク保存研究センター」に移動して他のノンフィルム資料の概要を詳説してくれる。これらのデータベースはシネマテーク・フランセーズと共有だし、やっていることもパリと大きく変わらない。しかし持っているものが違う！　映画雑誌・映画祭カタログ・ロビーカード・映画団体資料など、シネマテーク・フランセーズはちょっと弱いかなと思われた分野がここではやたらと強い。しかし逆もまた真なりでパリに沢山ある機械類や映画人資料は少ない。いにしえの〝ラングロワ対ボルド〟の反目が見事にコレクション内容に反映しているのだ。

フィルムについても同じだ。クリストフさんとの昼食時の会話で知ったのだが、ボルドは、ラングロワがさほど関心を持たなかった教育映画や地方映像（ここでは南西部の記録映画）の収集に力を入れていた。フランスでは1910年代から教育映画

シネマテーク・ド・トゥールーズの建造物。門を入った中庭の奥にある

の学校巡回上映が組織化されていて、1922年にはに教育映画を専門とする最初のシネマテークがサンテチエンヌに設立されたとか。え、そんなことマノーニさんの本には書いてないですよ？　巡回上映は特に南仏で強く、アメリカのバーレスク映画とか貴重な無声劇映画も援用しつつ1970年代まで続いたそうだが(つまり可燃性フィルムもその頃まで映写されていたのか……)、下火で廃棄の危機にあったところをボルドに救われたという。日本の教育映画について尋ねられたため、一応自分の関心分野なので歴史をかいつまんで話したところ、フランス教育映画史を次の研究テーマに考えているというクリストフさんと気炎が上がってしまった。

1982年からここで働いてこられた職員の方が明日退職されるというので、夕方みんなでトール通りへ戻ってお別れの立食パーティに出席。地元っぽいオードブルが並ぶが、ボルドが大好きだったという卵料理ミモザが特においしい。トゥールーズの夕方の光は2月にあっても美しく、暗くなれば市民がぞろぞろと『蜘蛛巣城』の上映に集まってくる。パリにいては見えない映画の風景がここにははっきりある。

シネマテーク・ド・トゥールーズ開館工事の際に壁の奥から現われた壁画。スペイン人亡命者の集会所だったという

図書室で驚いたのは、1997年のオープン前の改築中に発掘されたというフレスコ風の壁画だ。絵はわりと新しく、よく見ると革命歌「インターナショナル」の歌詞が書いてある。尋ねてみると、トゥールーズはフランコ政権のスペインから亡命してきた社会主義者の拠点で、ここは彼らのかつての集会所だったという。いいものを見せてもらったので、お返しに、今日の『蜘蛛巣城』で三船敏郎に殺される城主は、実は「インターナショナル」の歌詞を邦訳した人物(佐々木孝丸)だと教えてあげ

た。さすがにこのトリビアは意外すぎてウケた。

【2月28日】

昨日観た映画。『アルフレッド・ナカシュ、アウシュヴィッツの泳者』@シネマテーク・ド・トゥールーズ(大ホール)。「ミディ＝ピレネー地方の映画」という地元ならではの定期プログラムの一本である。ジャン・ヴィゴの映画でも知られる水泳選手ジャン・タリスに憧れて競泳界に進み、ベルリン五輪で優勝、1941年にはバタフライ(当時は平泳ぎと未分離)の世界記録を達成するも、ユダヤ人として家族ごとアウシュヴィッツに送られ(監視兵の目を盗んで一度だけ収容所内の溜め池で泳いだという逸話あり)、妻子を失いながらもどうにか生還し、戦後はトゥールーズに移住して活躍したという人物をめぐるドキュメンタリー。ゴーモンとパテのニュース映画がふんだんに使われている。ナターシャ・ローラン館長の紹介に続いてナカシュの弟さんや監督がご挨拶、質疑応答も活発であった。この街では市営プールも彼の名を冠しているほどで、「地域に根ざした上映」が実地で感じ取れる機会だった。

午前はシネマテークの図書室で、映画雑誌の管理と公開の実際について調べる。ここでは雑誌の合本をほとんどしない。閲覧希望があればボックスごとそのまま出す。それほど閲覧の頻度は多くないのだろう、これはこれでかっこいい。ここの強みはフランスの地方映画雑誌だ。パリでは収集の追いつかない南西部(中心地はボルドー)の雑誌がかなりあるのは、レイモン・ボルド自身の収集の成果でもあるが、彼がいかに地方在住のコレクター

トゥールーズの映画館の正面に貼られていた紙の看板も保存対象。映画はジャック・ドゥミ『ロバと王女』

と深い関係を結んできたかも物語る。彼はダテにラングロワと喧嘩したわけじゃないのだ。

【3月1日】

パリへ戻る。列車内で研修報告書の骨子を書き始める。記憶が鮮明なうちに少しでも手をつけておくのがいい。

【3月2日】

まだちょっと日はあるが、とりあえず帰国の準備に取りかかる。もらった本や紙資料が多すぎることに改めて気づき呆然。旅の疲れか、体がややだるい。パリは昨日が冬のヴァカンス（というものがあるらしい）の最終日で、朝まで騒いだ人も多かったらしく逆に今日は静かな一日だった。

今回の研修を今後の仕事にどう反映させられるか、箇条書きのメモにして考え始める。大きく見て二ついいことがあった。まず、自分の日常の仕事である「映画の紙資料のアーカイビング」を国際的なスタンダードで見られるようになったこと。他の国の例も見たいけど、さすがにＢＩＦＩには勝てんのではないか。そしてもう一つが、自分の仕事が前よりもっと好きになったこと。遠くとも同志には会ってみるものだ。

【3月3日】

シネマテークのジル・デュフォーさんと昼食がてらシネマテーク運営について意見交換。ジルさんは、大型プロジェクトの事務方のまとめ役。例えば、現在関わられているのはマノーニさん主導のマジック・ランタンの電子化プロジェクトである。こういう役職の方が専門にいるから、あれこれ難しいことが前に進むんだなあ、と嘆息。

【3月4日】

最後のアポイントメント、フランス国立図書館（ＢＮＦ）のスペクタクル芸術部門。ＢＮＦといっても前に行ったシネマテークの対岸（館内の通称

「トルビアック」ではなく、昔からあるリシュリュー館の方。ジョエル・ユートヴォル部長にお話を伺う。ここはまず演劇資料の保存所であり、映画資料は音楽・舞踊・サーカス・パントマイムといった分野とならんで全体の一部をなすに過ぎない。それでもアベル・ガンス、ルネ・クレール、サシャ・ギトリ、ジャン・グレミヨン、マルク・アレグレ、音楽ではモーリス・ジョベールなどの個人資料が。「道理でシネマテークになかったわけか……」と納得させる巨匠ばかり。だから逆に、若くして亡くなったシリル・コラール（『野性の夜に』）の資料があったのはびっくりした。フランスの俳優など、映画だけの人はむしろ少ないわけで、こっちに資料が集まって当然。マリア・カザレス、イヴ・モンタン（むしろ歌手として）、シャルル・ヴァネル、デルフィーヌ・セイリグなどなど。

夜、リュクサンブール近くのレストランで日仏チリ混合のお別れ会を催していただく。一次会では『実録・連合赤軍 あさま山荘への道程』の5月フランス公開が話題に。二次会では、いまこの日本社会で映画に何ができるかを改めてみんなで考えてみた。と書くとかっこ良すぎるか。わざわざ集まっていただいた11名の皆さんに感謝したい。

❶ シネマテーク・フランセーズ（ベルシー） 現所在地
❷ シネマテーク・フランセーズ（サン＝シール） フィルム保存施設
❸ パリ市立フランソワ・トリュフォー図書館（フォーロム・デ・アール内）
❹ 国立映画映像センター（CNC）・アルシーブ（通称ボワ・ダルシー）
❺ ゴーモン・パテ・アルシーブ（サン・トゥーアン）
❻ アルベール・カーン博物館（ブーローニュ＝ビヤンクール）

【参考】
シネマテーク・フランセーズ 旧所在地
Ⓐ メッシーヌ大通り〈1948-1955〉
Ⓑ ユルム街〈1955-1975〉
Ⓒ シャイヨー宮〈1963-1997〉

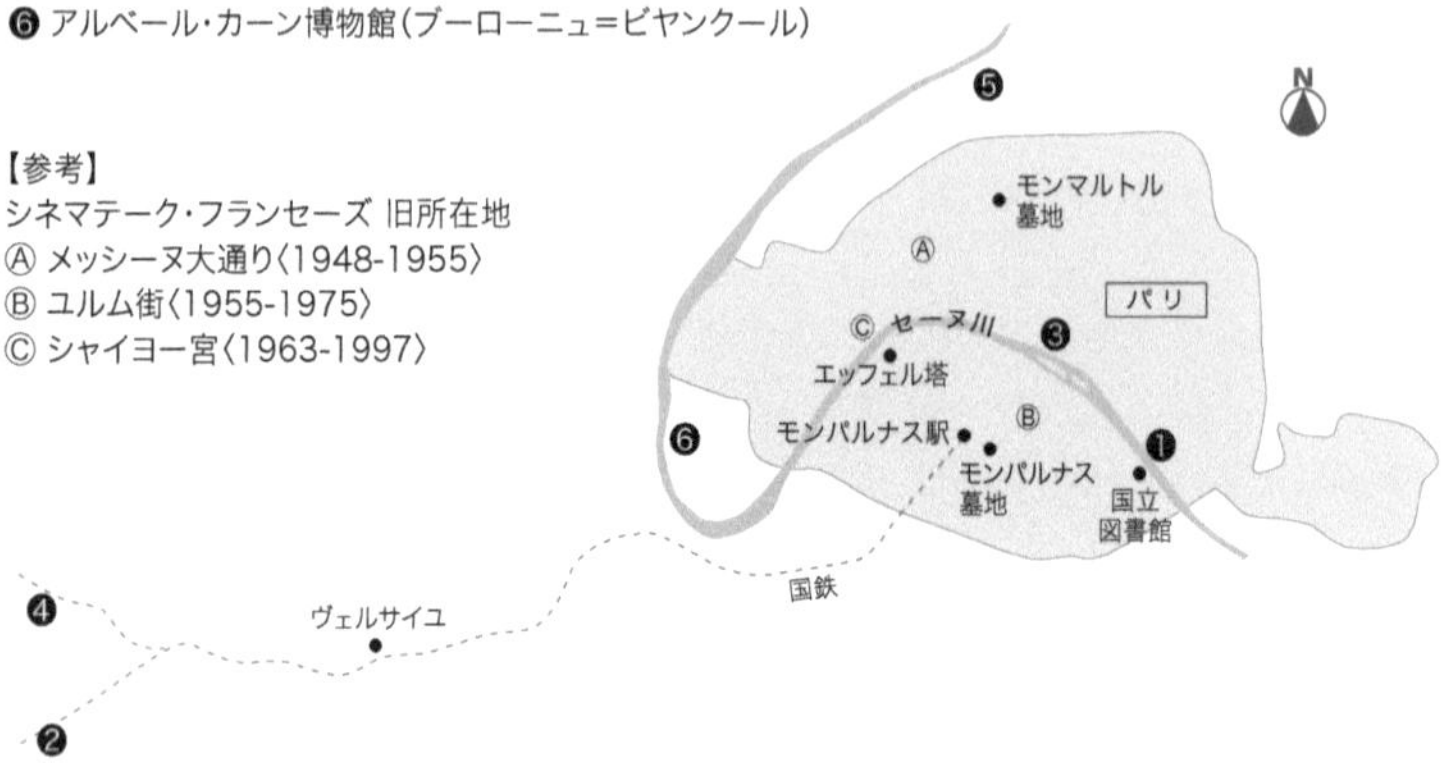

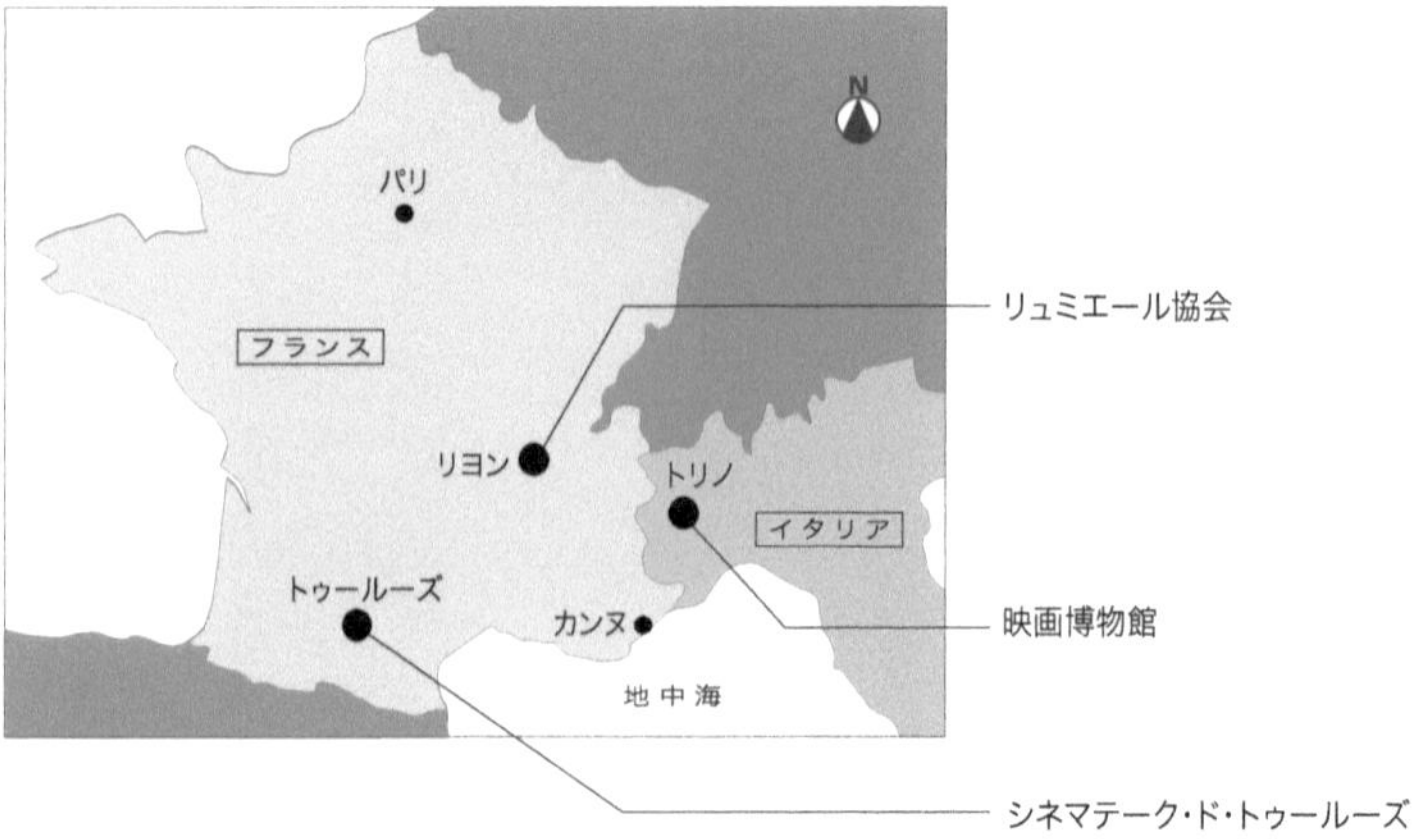

第3章

映画保存の周辺

小さな画面、大きな画面

映画の居場所が、映画館という「大きな画面」からビデオのモニターという「小さな画面」へと重心を移していった1980年代とその後を、ごく私的に回想してみたい。産業としての映画がしぼんでいったこの時代、映画を観る習慣を持つすべての人がビデオの波に呑まれたが、果たしてもっと小さな観客たちの映画との出会いの場はどうだったのか。これは子ども時代に偶然映画と出会い、やがて映画とそれなりの付き合いをすることになった人間の、「画面」をめぐる印象の記述である。

映画とはテレビのことだった

今になって気づくのだが、物心ついてみたら、すでに「映画は映画館で観るものである」という古典的な前提自体が崩れ去っていた。映画とは、ブラウン管の中でヨドガワさんやオギさんやミズノさんが紹介するものであり、野球中継でもなく、歌番組でもなく、ニュースでもクイズでもない、という番組の分類において「映画」というそれなりに華やかなカテゴリーがあっただけだ。私の育った地方都市では、すでに映画館はある程度の時間、父の自動車に乗ってゆかねばならぬ場所にしか存在しなかった。テレビのコマーシャルでは特定の恐怖映画の売り文句が連呼され、そういった記号を確認するための場所として一定数の映画館が残されていたに過ぎない。

小学3年生の頃、我が家に、地方テレビの子どもクイズ番組で好成績を挙げた賞品として、なぜかレコード・プレーヤーが送られてきた。音楽を聴く習慣のない両親は当てずっぽうにレコードを買い与えてくれたが、結局、小さな私にいちばんしっくりきたのは「映画音楽」なるジャンルだった。ただ、その頃の私には「映画」という概念すら確立されておらず、解説の意味がよく分からない。従って、それらの曲がどんな映画に付けられていたかにも関心を抱くことができなかった。かくして、フェデリコ・フェリーニより何年も前に取りあえず作曲家ニーノ・ロータの名を覚えることになったのだった。いざ、両親と隣の市の中心街にある映画館に行けば、お客はひどくまばらで、世界の大惨事の映像を羅列した興味本位のドキュメンタリーが始まった。そこには本物のビル火災が映っており、ベランダを伝って下の階に逃れようとした人が、足を滑らせて地上に落下してゆく姿が目の前で展開された。やがてスクリーン上はブルース・リーの『死亡遊戯』に取って代わり、物語の途中で、主人公の死を悼む奇妙に生々しい葬列を見せつけられて幼心は悩まされた。こうした体験の積み重ねによって、結局映画とは本質的に陰鬱なものであり、映画館とはどこまでも「廃墟」に近いものだという印象を少年に残した。

だから、ソフィア・ローレンやジョン・ウェインといった名前を中学生になった私に教えてくれたのは、何となくいつもつけられているテレビの「小さな画面」であった。いまこの頃を振り返って、もし映画を何らかの歴史を持った〝芸術〟と呼ぶならば、それはテレビの中にしかなかったわけだ。そんな中で、「大きな画面」を優位に置く意識などどうやって生まれ得ただろう?

レンタルビデオがやってきた

高校生になると、学校の美術室にビデオの再生デッキとテレビが据えられたが、これこそ紛れもない事件であった。その後病気で夭折してしまう若い美術教師が、これを自由に使いなさいと言ってくれた。この言葉は天啓のように聞こえた。同級生の一人はゴダールとかトリュフォーといった人名を知っていたが、私はまだ監督の名前を覚えるに至ってはいなかった。ゴダールの最新作は『探偵』というのだ、と誇らしげに語る同級生がたいへん輝かしかったが、テレビ放映の『ひまわり』に感激しただけの少年にとって、作曲家ヘンリー・マンシーニの名には聞き覚えがあっても、監督ヴィットリオ・デ・シーカの名はまだ遠くにあった。

トラックが轟音を立てて走る海岸沿いの産業道路の脇に、蛍光灯が煌々と輝く大型書店があり、かねてから自転車を飛ばしてはよく立ち読みをしていた。私たちは、その離れに「レンタルビデオ」という看板があるのを見つけ、入ってみると、VHSとベータ、二つのフォーマットのビデオカセットが混在して並んでいた。もはやテレビ放映を延々と待たなくてもいい、選択肢はまだ少ないけれど、自分の観たい過去の映画をこちらから選んで観ることができる、という単純な事実に感激した。私と同級生は、いつしかビデオ上映会をやってみようと決意した。最初の上映会は『ブリキの太鼓』ではなかっただろうか。各クラスの黒板の右端に、勝手に日時と題名と場所を書き込んでおくと、関心を持った連中がぽつぽつと美術室に集まってきた。その後もトリュフォーの『突然炎のごとく』とか、何回か上映会を重ねた記憶があるが、そのうち勉強の方が忙しくなって立ち消えとなった。

その後、映画上映機関のプログラム担当としてスクリーン上映の価値を喧伝することになった自分が、結局こうした形でしか映画とのファースト・コンタクトができなかったことはきちんと省みられるべきだろう。「デートといえば映画」というクリシェもまだ厳然と少年たちを支配していたが、いざ実行に移しても我らが映画館は依然として「廃墟」であり、客席はますます寒々として、スクリーンへの不信があらためて私を取り巻いた。それを考えると、ビデオ映像というシステムそのものは純粋に技術の発展から生まれたものだけれども、それだけではなく、むしろ「廃墟」の身代わりとして生まれ落ちた逆説的な存在であるようにも思われた。スクリーンで映画が選べないなら、ビデオを自分で選ぶ。映画は待つものであり、ビデオは探すものだ。この時まだ多くの作品に出会えたわけではないが、ビデオの魅力の前に、「画面」への鈍感さは構造的に再生産され続けていた。

それでも映画館に行ってみた

大学生になって東京に出てきたら、「ぴあ」や「シティロード」といった情報誌があり、映画館がこんなにあるのかと驚いた（実はすでに多くの名劇場が消えた後だとすぐ知ることになるが）。田舎にいてスクリーンで観られたクラシック映画など、『モロッコ』とか手の指で数えられるほどだったので、古典映画でさえふんだんにスクリーンで観られるという事実には素直にびっくりした。銀座では繰り返しヴィスコンティやヒッチコックが観られたし、東京のあちこちで魅惑的な題名が劇場の看板を飾っていた。この頃は上映会場が美術館脇の講堂だったけれどもフィルムセンターもあって、早速小津安二郎の映画をまとめて観ようとすると、講堂の前にはすでに長い列ができていた。映画上映の場所が人間で満ちている、という経験をしたのは初めてのことだった。入場を待ちながら、西さんという常連のおじいさんのお話を聞くのも快かった。

大学に、映画論を講義してくれる先生がいたことは決定的だった。先生は講義でこそビデオを使ったけれど、街のスクリーンで観ることを大いに奨励した。やがて名画座と自主上映とフィルムセンター、そして大劇場とミニシアターをぐるぐる移動する回遊魚のような生活が始まり、ここに来て、映画監督の名前で鑑賞作品を選ぶことを覚える。この時代、これは少なからぬ人が通ってきた道だろう。そしていつしか、同じような回遊生活を送っている他の連中とおかしな徒党を組むようになった。約束もしていないのに必ず上映会場で会ってしまうこの連中は、上映の後に談笑したり議論を戦わせたりする相手になった。そもそも映画鑑賞とは、隣席に誰がいようが自分とスクリーンとの一対一の関係でしかない体験であって、その「ひとりぼっち」性を抜きにして映画愛好《シネフィリー》は決して成立しない。にもかかわらず、「大きな画面」がここに来て私の人間関係を変えていった。徒党というのは大抵の場合見苦しい。ある映画が良かったからといって、会場を出ながら「この映画は素晴らしい！」と何人かで大声を出すのははしたない。今でもこれはお勧めしない。それでも抗うことはできなかった。この連中はスクリーンのいる場所に行けば会えたが、ビデオを一緒に観ることはほとんどなかった。出会いの場こそ錯綜していた少年少女は、かくして映画鑑賞をめぐる世の中の重心移動に逆流することになった。つまり、映画館からビデオに移行したのではなく、小さな画面からスクリーンに移行したのである。

それでもビデオはやってきた

私と仲間たちは、おおむねビデオでの鑑賞を軽蔑していた。ビデオで見る映画はあくまで代用品であり、映画そのものではないという同語反復のような文句を繰り返し、スクリーン鑑賞は概ねシネフィリーの前提条件とされた。シネマスコープ作品(1:2.35)の左右を平然とトリミングしてしまう、代用品としての役割さえ怪しいカセットが商品として認められている状況では仕方がなかったのだ。これならビデオなんか当分要らないと思っていたが、スクリーン体験が増えれば増えるほど、自分はまだこれを観ていないという渇望も否応なしに高まってくる。そこで例外的に、ものによってはビデオでもやむを得ないという、やや恣意的な判断がなされるようになった。どうしてもスクリーンにかからない作品で、テレビ画面とほぼ同じスタンダード・サイズ(1:1.375)で製作された、かつロングショットを多用しない白黒映画。その代表は1930年代のハリウッド作品だ。部屋を真っ暗にし、鑑賞の邪魔となり得るあらゆる要素を排除して見れば、スクリーン体験には勝てずともそれなりに満足できるはず、というやや苦しい正当化をしていたのを覚えている。私に映画の何たるかを教えてくれた大学の同級生は、海外のビデオ流通情報にも明るく、外国の通信販売ビデオ店からカタログを取り寄せてコレクションを着々と増やしていた。5本まとめてでないと売ってくれない通信販売ショップもあり、仲間5人がそれぞれ希望を出して共同購入をしたりもした。

だが、こうして抵抗と妥協の狭間で揺れ動く中、1990年代の声を聞くや、最後まで残っていた東京の名画座が次々と店じまいしてゆく。たとえ東京に住んでいても、「大きな画面」か「小さな画面」かという選択肢は、ピカピカの新作以外ほぼ消滅したのだ。この後からではないだろうか、ビデオで作品を視聴することを「映画を観る」と人々が平然と言うようになったのは？　この言葉の用法変化を、私はどうしても見過ごせなかった。地方から都会へと身を動かした私が、「小さな画面」から「大きな画面」へと逆方向のベクトルを定めた矢先に、ついに「小さな画面」の独裁が始まったのだ。名画座の消滅は1980年代少年にとって都市文化史の一ページなどではなく、単に毎日通っていた〝学校〟の閉校だったから、それをノスタルジックに捉えることは倫理的に許せなかった。

いま、スクリーンとは

現在も私は、仕事の上で映画の内容を確認するなどの目的でしかDVDやビデオを観ないことにしている。作品として観るには、自分の心理状態があまりにもスクリーンに対する時と異なるからだ。だが、こうして私が「大きな画面」と「小さな画面」の違いを学んだのが、〝教育〟を通じてであることは改めて確認しておきたい。そうでなければ、この二つを容易に交換可能なものとして受け入れてしまうことだろう。これからも、個人視聴のための新しいフォーマットが次から次へと開発されてゆくはずだ。その流れを止められる要素は今のところ存在しない。

ビデオやDVDの最大の魅力は、「映画の私有」である。自分の部屋に、物質として、映画の似姿を所持できること、そして私のかつての仲間のようにビデオやレーザーディスクのコレクションを形成することが快楽でないわけがない。映画の私有は、画面情報を正確に知るための制度としてはこの上なく便利で、この30年、それによって分析的な映画研究は確実に進歩した。だが、映画が私有できてしまうという意識は私たちの「画面」への欲望を殺いでしまってもいる。ＤＶＤを手に入れるだけで満足してしまい、いまだ再生せずに棚の上に積んでいるだけという人もいる。映画にもついに「積ん読」という文化が根づき始めたのだろうか。

知識と意識こそ高かったが入手容易なソフトに恵まれなかった１９７０年代少年少女が、映像記憶能力の高さにおいて私たち後続世代を上回っているように思われるのは、次にいつこの映画に出会えるか分からないという状況、つまり私有制の不在ゆえである。与えられる情報に依存することなく、当てずっぽうに映画を観て、そこからある映画監督を〝発見する〟という態度が存在していたのもこの頃までだろう。また、私有の選択肢の豊かさを前提として映画に接してしまう１９９０年代の若者は、もはやテレビへの期待もなく、少数のシネフィルを除いて「大スクリーン」は私有できない」という当然の事実にも満足できない。その結果、映画館も、観客を集めるのに「一回きりの体験」を提供しなければならなくなった。現在のミニシアターで、上映後のトークイベントがますます盛んになっているのは、家庭での鑑賞にできないことを追求したゆえである。その両世代に挟まれ、「リュミエール」誌のアジテーションを受け止めた１９８０年代の映画好きは、映画の私有にいやというほど魅了されつつも、同時に「映画が私有できないこと」の価値を辛うじてつかみたがっている最後の世代なのかも知れない。

これまで生半可な映画愛好者としての私は、スクリーン上映の価値を、もっぱら優れた画質と音響の面から説明してきた。しかし現在となっては、その説明が不充分であったと認めざるを得ない。むしろいま考えずにはいられないのは、映画館の暗闇の中で、互いに面識のない人々が同じスクリーンを見つめているという単純な事実だ。生活環境もまったく異なる、互いを知らない他人と映画を共有すること。その意義を、「廃墟」の記憶を踏み越えて復権させるべきだろう。まだ当分の間、映画は、映画館における他人との共有と、「小さな画面」による私有という二つの消費形式を携えながら維持されるだろう。もっとも劇場上映は、映画産業の強い要請である私有に先立った儀式として残されている印象も与えるのだが。さらに言えばこの時代、映画はもはや「大きさ」さえ問われていない。「作品」が大小の画面を涼しい顔で行き来するこのような〝液状化〟を前に、私たちは映画を受け止める場所を「廃墟」にしないための考察を進めてゆかなければならないだろう。

小さな映画館の100年――ノスタルジーを超えて

福島の中通りは、11月も中頃になるとかなり冷え込む。それでも陽光は思いのほか暖かく、コンビニで買ったパンを阿武隈川の土手のベンチに腰かけて食べていると、近所のおばあさんがなだらかな山の峰を指差して「あの向こうが浜通り、原発までたった50キロ」と教えてくれる。「この辺も子どもがすっかり減って」。心が痛んだ。

もともと、福島県の本宮というところに1914年開館の映画館「本宮映画劇場」が残されていると知ったのは、地元の文化遺産を紹介するウェブサイトを見てのことだ。郡山市と福島市の中間にある小さな市だが、日本映画史をかじっていてこの土地の名が気になるのは、「本宮方式映画製作の会」というグループが名匠吉村公三郎監督を招いて撮った『こころの山脈』(1966年)という映画があるからだ。小さな町の人々が独立系のプロダクションと組んで映画を作るなんて、当時の地元では相当な盛り上がりがあったことだろう。しかし、実はその「本宮方式」の起源は、1956年に公開された一連の「太陽族映画」の不良礼賛を許すまじ、と地元のお母さんたちが始めた映画上映運動であったという。その粘り強い運動が、10年後に映画製作まで実現してしまったという、そんな事の次第である。品行方正だけが映画の価値だとは思わないが、そんなにしてまで映画を大切にしてきた土地柄なのだという印象も、やはり私の中にあった。

閉館から半世紀、すべてが動いた

本宮映画劇場では、今でもカーボンアーク式の映写機が動いているという。かつてはこの方式が映写機の光源の標準だったが、今やそれを残している映画館はほとんどない。そのことを聞いて、一度はここを訪ねなければなるまいと思っていた。劇場はJRの本宮駅からほど近い場所にあったが、少し不思議に思われたのが、劇場が町のメインストリート沿いに建っているのではなく、やや奥まった、古くからの住宅が並ぶ中に建っていることだ。普通なら、映画館は町のいちばん賑やかな地区に建っているものである。劇場の入口部分にガレージを増築し、外壁もピンク色に塗り直されてしまったので大正期とまったく同じ外観とはいえないが、それでも建物の構造が変わるわけではない。1914年に地元の有志の出資で「本宮座」として開館した時は、2階と3階に桟敷席を持つ芝居の小屋であり、今でも地元では「定《じょう》舞台《ぶたい》」の名で知られる。館主の田村修司さんから、ここは明治時代までお寺があった場所だと伺って、立地について納得させられた。

中に入ると、さっそく観覧券のモギリ用の木製スタンドが置かれていた。その昔、地元の大工さんが作ってくれたものだという。ちぎった観覧券を落とす穴が三つ開いており、「大人、子ども、招待券ね」。映画館のためだけに機能的に作られた木工品は、楚々として美しい。ロビーの壁に貼られているポスターは、当時の映画のものばかりではない。大衆演劇。歌謡ショー。女子プロレス。浪曲公演。ストリップショー。町民のあらゆる娯楽をまかなう場所だったことが見て取れる。中に入ると、スクリーンと観客席最前列の間に距離があり、スクリーン前に大きな回り舞台の跡が残されているのが分かった。いまは板で封鎖されている2階席と3階席からも、ここが芝居の劇場だったという歴史が感じられてくる。

この館を切り盛りしていた父親を、田村さんは子どもの頃から見て育ち、若くして劇場経営から映写まですべてを学んだ。戦後の日本映画黄金期を駆け抜けた小さな町の映画館、その思想と実践がすべてこの建物に詰まっている。当時、映画のフィルムは、最初に上映される封切館から二番館、三番館へと「番線」を降りてゆくものだった。都市から小さな町村へ、最盛期には五十数番館まであったというから、各館3日か4日の興行と考えて、単純計算でも最後の館にかかるまで半年はかかってしまう。本宮映画劇場は、福島県におけるまさにその最終ぎりぎりの49番館だったという。この「番線」は、必ずしも地理的に隣町から隣町へと流れてゆくものではない。同一地域内でさえあれば距離はあまり関係なく、人口の多い町

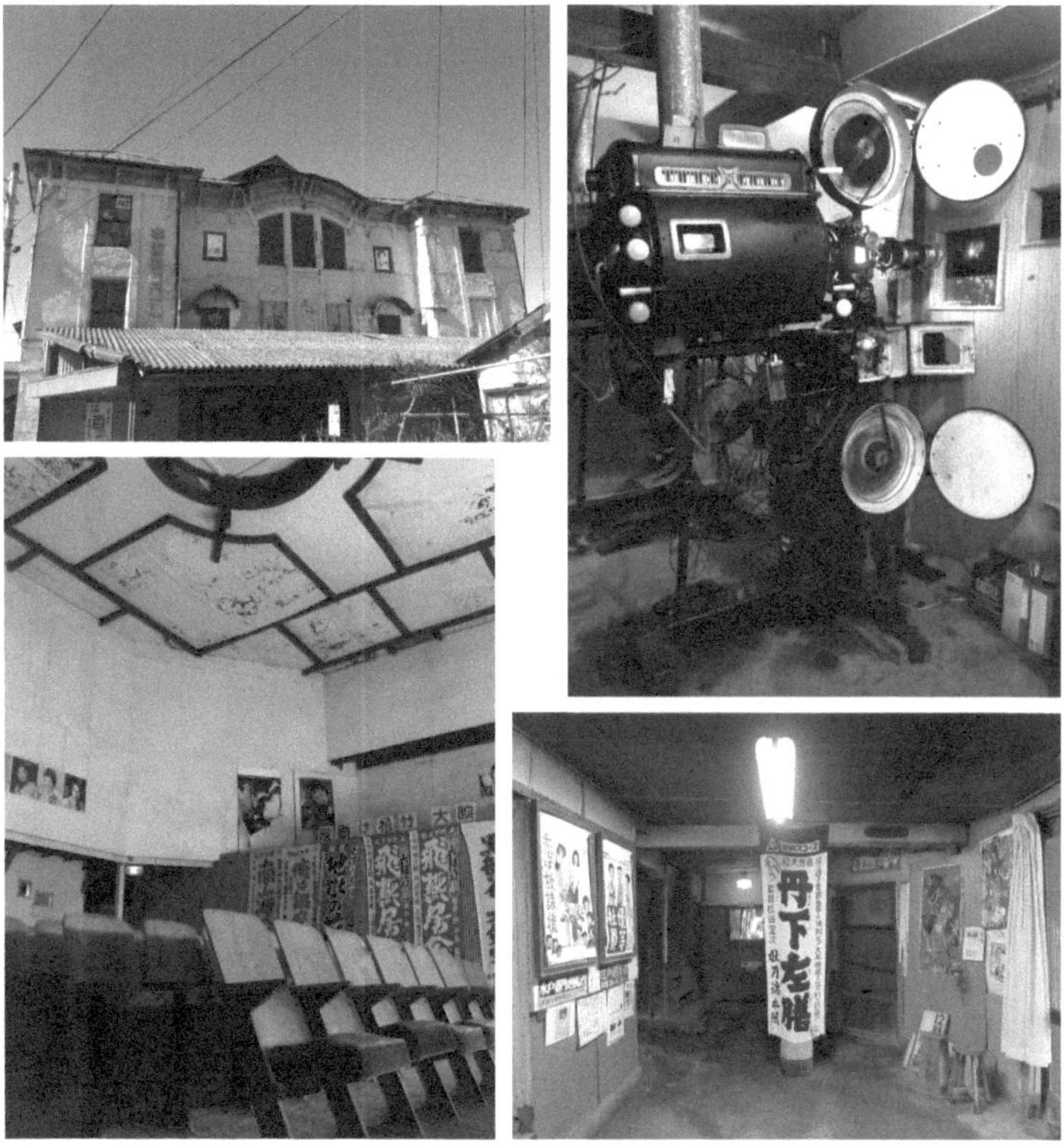

写真提供：本宮映画劇場

から少ない町へと順々に流れてゆくという。それは、実にプラクティカルな計算に基づいている。「参りますよ。正月映画を暑くなってから上映するんだからね」。

映写室では、プラスとマイナス、2本の炭素棒の先を近づけて放電させた光を利用するカーボンアーク映写機をついにこの目で見ることができた。1960年代には強化ガラス入りのキセノンランプにほぼ取って代わられるから、現役で動いているカーボンアーク映写機は本当に稀だ。さらに映写室からは、まだ封を切っていないカーボン棒の箱まで出てきた。新品の映写用カーボンがあるとは、もう気が遠くなりそうだ。さらに「こんなもので動かしているんです」と館主がもう一つの小部屋を開けてくれた。そこにあったのはタコ入道のようにでこぼこの手足のついたガラス製の整流器だった。ガラスの底に溜まっている液体は水銀だという。電流を交流から直流にする整流器は映写機を動かすのに不可欠なマシンだが、このぐにゃぐにゃにゃした異常なかたちには度肝を抜かれた。スイッチを入れると、タコ入道は轟音とともに青く光り、そして底をうごめく水銀はまるで『スーパーマン』のクリプトンのように緑色に輝いた。カーボンアークだけでも歴史的なのに、こんな旧式の整流器が現役で動いているのは驚異的だ。「30年ぶりにつけたら、ちゃんと動いたんだよね」。

そして実演の興行については、本宮のような町では、大都市のように事前に公演が組まれるのではなく、旅の途中の一行からやらせてくれと随時の依頼が入ることもあるという。先の映画番組のことを考えたら、たった数日の実演など挟み込めないだろうと思いきや、本宮の場合はそれが不可能ではなかった。そもそも町の人口が少ないので、都会のように一週間単位の興行がなかなか成立しなかったのだ。つまり一週間を2日・2日・3日に分け、週に三つの番組を回すという荒技が日常となっていたのである。実演興行をうまくはさむことができたのも、一週間をさらに分割するこのスケジュール組みがあってのことだ。

それにしても、週に3番組を組むなんて、映写室の中はてんやわんやだったろう。フィルムの状態チェックも、映写そのものも、単純に考えて仕事量は都会の館の3倍である。またカーボンアーク映写は火花がむき出しになるシステムだから、可燃性フィルムの時代は引火の危険といつも背中合わせだったし、安定した光量を維持するために放電する2本のカーボン棒の距離をいつも気にしていなければならない。棒が短くなり離れると放電が弱くなり、光量が落ちてしまうのだ。だから映写室には必ず三人か四人の技術者がいたという。

しかし、こうして劇場を切り盛りしてきた田村さんはこの館を27歳の若さで閉館し、自動車のセールスマンに転身した。1960年を越すと日本の映画産業の斜陽が始まるが、本宮映画劇場の閉じた1963年は福島県でももっとも早かったという。つまり田村さんの人生は、映画館経営より自動車販売の方が圧倒的に長かったことになる。そこで、どうして本宮映画劇場がそんなに早く店をたたんでしまったのか、その決断について伺った。

そこにいつもある〝奇跡〟

実は、本宮にはもう一つ映画の劇場「中央館」があった。そこが握っていたのは石原裕次郎らのアクション映画が爆発的な人気を獲得していた日活と、時代劇王国東映の作品だった。どちらも当時のドル箱と言っていい。一方で、本宮映画劇場は松竹と新東宝の契約館。松竹は老舗ながら、当時大島渚らの新しい感覚は、地方の町ではなかなか受け入れられなかったという。そして、一時は『明治天皇と日露大戦争』でヒットを飛ばした新東宝も、エログロ路線に転じて苦戦のさなか。なぜだかフランス映画にも力を入れたという。それもヨーロッパ映画の名門東和映画からでなく、むしろ「おフランス趣味」を売りにした異色の中堅会社新外映から配給を受けた。新外映と言えばゴダールの『勝手にしやがれ』を輸入したことでも名高いが、ここではゴダールも歌謡ショーや浪曲と一列に並べられていたわけだ。「福島で新外映のフィルムを上映していたのはうちぐらいじゃないかな」と語る館主は屈託がない。連戦連敗の末、やがて成人映画の上映館となるが、小さな町で評判の良かろうはずがない。借金もかさんできた。「社員の解雇がつらかったですね」。

だが、いざセールスマンに転じてみると、よほど成績が優秀だったのだろう、すべての借金を返し閉館時に40%しか持っていなかった株をすべて買い戻すことに成功したという。自分のものにさえなれば、劇場をどのように扱っても自由である。田村さんは、定年後の映画館再開を夢見て、ただただ建物と映写機のメンテナンスを続けた。そして通院していた医師のアドバイスで、久々の公開映写会を行ったのは、なんと閉館から45年を経た２００８年のことである。以来、本宮映画劇場は毎年何らかの映画上映イベントを催している。いつしか開館から１００年を超えた。

私はこの「番線」の果ての劇場に、フィルムの旅路を、そしてその旅路を通じて日本の映画史の縮図を見る。今ではどの古書店街でも決して見つからないだろう、いくつものB級西部劇のポスターが貼られた田村さんのアトリエにもその縮図は見える。だが、この劇場、この映写機、このポスターたちを「レトロ」とか「懐かしい」などと呼ぶことだけは決してすまい。ここには、寸分のノスタルジーもない。半世紀前の当たり前のこと、映画をめぐるコンテクストのすべてが、ただ今もここに存在するだけだ。「保存」という行為を、「ノスタルジー」と混同してはならない。もちろん、保存されたものをノスタルジックに見つめ、語る自由にあれこれ文句を付けるつもりはない。しかし「保存」とは、ある時代の当然のことを眼前にそのまま差し出すためのスキルであり、目の前にある「過去のこと」を、そのまま「現在のこと」にしてしまうその新鮮さにこそ価値がある。ここには映画という一つの商売の実践形が、50年前のまま、単に生きている。だから田村さんは、今年も来年も、たぶん半世紀前と同じ笑顔でカーボンアーク映写機を回すだろう。この21世紀にあってそれは一種の奇跡かも知れない。だが、その奇跡には一滴の湿り気もなかった。

我らが「紙の映画」——チラシとパンフレット礼讃

何をやっても長続きのしないたちだが、映画のチラシ集めだけは30年近く、今も続いている。決してコレクターではない私が、とりあえず集めている唯一のものといってよい。映画館に入ると、初めて見かけたチラシは必ず拾ってゆく。特にミニシアターや名画座はチラシコーナーが充実しているので、上映の前か後かになるべく一定の時間を取るようにしている。映画は観ないのに、映画館の近くまで来たためにチラシだけ拾って素早く去ることもある。そして、そのチラシが自分にとって大切な作品と感じたら、携帯用と保存用に分けて数枚は取ってゆく。久々に足を踏み入れた劇場で、初対面のチラシにたくさん出会うのは心躍るものがあるが、実際は、あまり見た目のいい行為ではなかろう。天井に向かう階段の各ステップにチラシを置く某館では、二度ほど天井に頭を打ち付ける醜態を晒している。天井近くに来ると、通路が細くて踵を返すこともできないので、危険この上ないが、後ろ向きのまま階段を降りなければならない。時に、乱雑になっているチラシ置き場を見つけて、整頓に乗り出してしまうことも稀ではない。中古レコード屋の常連客が披露する高速のＬＰ盤めくりよりも冴えない姿だが、これがやめられない。

繰り返しておくが、私には収集家のマインドはない。私が求めているのは、帰りの列車や喫茶店で、斜め読みではあってもすべてのチラシに目を通し、これから東京周辺でどんな映画がどこで公開され、それぞれがどんなスタイルで告知されているか、そういった情報を素早く収集することだ。こればかりは、インターネット時代が来ても変わらない。映画の「公式サイト」の登場は映画パンフレットの売り上げを激減させたが、映画チラシを駆逐することはついにできなかった。ネットサーフィンは、チラシを読む行為の代用にはならなかったのだ。チラシは自分から出かけて拾わなければならないという面倒はある。だが拾いさえすれば、インターネットより〝速い〟ことが証明されたのだ。そのことは祝福されていい。大切なのは、四の五の選別せずに、機械的に集めることだ。

目を通し終わったチラシは捨ててもいいが、何となく惜しいので捨てられないでいる。集め始めた学生の頃は数か月ごとにファイルにはさんで、ファイルの背中に入手時期をメモしておいた。最低限これぐらいやっておくと、後で便利なのだ。だが今は、机の横の段ボール箱に投げ込むだけである。どっちにしても、分類やナンバリングをしている暇はない。そもそもこの行為について私の中に「アーカイブ」という概念はなく、消極的、結果的に集積されていっただけだ。一応後世に残すべき資料かも知れない、と真面目に考え始めたのもわりと最近のこと。逆に言えば、集めるだけなら簡単なのだ。それなりに生きていて、映画を観続けていればいい。だが、それを具体的な「文化資源」にするのは至難の業だ。だから、私が死ぬまで、いや死んだ後もリスト化はされないかもしれない。それはそれで仕方がない。

映画の地質学

それほどのお付き合いをしてきたわけだが、映画のチラシ宣伝の歴史は、実はそれほど古いものではない。日本の映画パブリシティの伝統はポスターと新聞広告だ。雑誌や新聞の記事にするための情報源としてプレスシートも存在するが、これはマスコミや評論家に配られるだけである。つまり劇場が発行していたプログラム(戦後には少なくなった)を除いて、お客が持ち帰れる宣伝媒体は本来あまりなかったのだ。厳密には今後の研究が待たれるが、チラシが生まれたのは戦後の外国映画からで、だが私が経験的に学んだ限り、1950年代にはまだ一部の話題作にしか作られていなかった。その後徐々に発行が盛んになってゆくが、作品ごとに例外なくチラシが発行されるようになるのは1970年代に入ってからだろう。チラシのコレクターが現れたのもこの頃と思われるが、チラシは日本で独自の発達を遂げたものので、ヨーロッパやアメリカには原則として存在しない。基本的にB5サイズに統一されているので収集は比較的容易だが、不用意に網羅を志すと、私のように整理ができなくなるという問題もある。現在では海外にも好事家がいて、日本からチラシを輸入する専門業者もいるほどだ。日本語が読めなくても、いやその映画がその国で公開されていなくても構わないのだから、どれだけ日本の映画チラシのデザインが優れているかの証左だろう。あるいはお手頃なエキゾティズムなのかも知れない。

そこで、我に返ってみた。私が集めたチラシの枚数はそれなりに多いが、そのうち実際にスクリーンで出会える映画は、いくら頑張っても一握りに過ぎない。それは当たり前なのだが、それ故にかえってチラシの力を感じないではいられない。もし網羅的に公開映画のチラシを眺めることができるならば、この瞬間の、この都市における「映画情況の全体像」を見た気になれるからだ。もちろんそれは幻想に過ぎないが、幻想でもいいから私は「映画情況の全体像」なるものを日々把握し、更新していたいと思う。「キネマ旬報」誌は創刊以来続けてきた新作映画紹介のページを廃止したし、あらゆる映画の上映スケジュールを教えてくれた「ぴあ」もなくなった。しかしそれらはもともと専門誌や情報誌であり、映画が自らを顕示しようとする媒体ではない。情報誌では、その映画がいま上映されるという背景も文脈もよく分からない。それはネット上の情報サイト、例えばコンパクトに情報がまとめられた「Movie Walker」なども同じである。そこには映画自体が発する熱がない。つまり、映画が我先と自己をアピールし、しかもそれを映画観客が手に取ることができるのは、あのペラペラな紙だけなのだ。

だからこそ私は、時代を追ってチラシを重ね、それをめくることで「映画の地質学」が可能になるのではないかと考えている。時系列的にまとめられた一枚一枚のデザインと情報の集積が、大手製作会社の系列館での日本映画の公開、アメリカン・メジャー映画の拡大公開、ミニシアターでのアートフィルムの上映、街場の自主上映も入り交じることで、大きなうねりをもった、私たち観客の映画史の豊かな相貌を開示してくれるはずである。曰く、チラシは戦後日本の映画知の基礎なのである。もっとも、その知を自由自在に扱う段階に至るには、リスト化を経て検索可能にするカタロギングという途方もない労働が必要になる。だから私たち日本の映画観客は、未だ現代映画の「地層」を見いだし、それを探求するには至っていない。

持ち帰ることのできる映画

映画知の基礎といやに大げさに持ち上げてみたが、チラシは本質的に可愛らしい媒体だ。小さいのに、映画が一所懸命自身の存在を主張する様は実に愛らしい。その意味で、いちばん可愛いのは特別鑑賞券（前売券）、続いてチラシ、そして劇場売りのパンフレットが第三位ということになろうか。前売券はあんなに小さいのに、宣伝担当者やデザイナーの創意工夫が詰まっていて、自己を売り出そうとプレイガイドのガラスケースの中で健気に私たちを待っている。まあ、チケットのデザインで見る映画を決めるわけじゃないという反論もあるだろう。だがそこまで気を配らないでいられないのがニホン人なのだ。ほとんど意識されていないだろうが、実はこの三種類はすべてこの国独自の映画文化といっていい。

ここまで書いてみて、そんな国の映画観客のひとりである自分から、もう一つの疑問が湧いてくる。どうして、映画館へ行くと、パンフレットまで買ってしまうのだろうか？　これは素朴な疑問にみえて、実は極めて現代的な問いである。というのも、ある時代までは、鑑賞の前であれ後であれ、劇場カウンターに立ち寄ってパンフレットを求めることにほとんど疑問を持たなかったからだ。新作映画を観ることと、その映画のパンフレットを買って帰ることを、まるで習慣のように「一つの動作」としてこなしていたのは、筆者だけではあるまい。

だが今世紀に入って、インターネット上に新作映画のウェブサイトが次々と開設されるようになり、かつてはパンフレットに載っていた事項の一部は、鑑賞のはるか前に、しかも対価を払わずに手に入れられるようになった。言い換えれば、現在の映画界は、本来はパンフレットに載るさまざまなデータを予め吸い上げた上で、予告篇映像や関連イベントの案内と一緒に「宣伝素材」に組み替えてしまったのだ。だから、映画情報を提供するメディアとしてのパンフレットの価値は、今こそ問われている。また逆に、そんな時代だからこそ、映画パンフレットとは何かという問いをまっすぐに発することができるのだ。

「持ち帰ることのできる映画」。まず、パンフレットの本質的な定義はこれではないだろうか。

帰りの列車や自宅の部屋でページをめくり、ストーリーを再びたどりながら、それぞれの場面写真に視線を落とす。監督やスタッフや出演俳優の紹介文を眺めて、印象に残る演技を見せてくれた新人俳優の名もここで記憶に刻まれる。「プロダクション・ノート」を読みながら個々のシーンの撮影現場に思いを馳せ、さらに評論にも目を通せば映画への理解がさらに活性化する。評論家の善し悪しも、多くのパンフレットに目を通すことでいずれ見えてくるだろう。瞬時に消えゆく「映画体験」を紙上に再び追い求め、最終的には消えることのない「記憶」に達しようとするためのツール、それが映画パンフレットの一貫した機能である。それどころか、やや余談めいた私事だが、人間の成長期においては、ちょっとした知識さえしばしばパンフレットから得られたものだ。例えばブルック・シールズとフィービー・ケイツが男子中高生に絶大な人気を誇っていた1984年、「フィービー」がPhoebeと綴られること、つまり"oe"という文字のつながりを「イー」と発音することを学んだのは、英語の教科書ではなく『グレムリン』のパンフレットからだった。素朴な話、パンフレットとは映画を媒介にした知識のささやかな源でさえあった。

だが、そこまで考えて、もう一つの疑問に突き当たる。読む、眺めるというけれど、映画パンフレットはそんなに繰り返し読んだりするものだろうか？　1980年代、ミニシアター系のパンフには軒並み採録シナリオが掲載され、それが購買欲をそそったことは確かだが、本当にそれを読み直したことがあっただろうか。一度読んだら、本棚の隅に直行して、後はほとんど忘れられているのではないか。だのに、どうしてまた買ってしまうのか。また1980年代には、もう一つの〝持ち帰ることのできる映画〟ことビデオカセットが出現した。これにより、人は映画の「似姿」を部屋に持ち帰れるようになったが、このために劇場観客自体が奪われることはあっても、パンフレットの地位が揺らぐことはなかった。このことは、パンフレットには映画の「似姿」以上のもの、つまり映像に身をさらす体験とは別の、観客の欲望を充たそうとする巧みな言語戦略が備わっていることを示している。それは、いわば「映画」と「ことば」の幸福な関係を証するものだろう。パンフレットが映画鑑賞の〝おみやげ〟であるだけでなく、追体験への欲望をかき立てるものでもある以上、映画パンフレットの歴史も、真摯で熱っぽい観客としてのニホン人の姿を逆照射することになる。

戦後文化としての映画パンフレット

さて、観客が「映画をめぐる言葉」を家に持ち帰ろうとしたのはいつからだったのか。戦後に成立した映画パンフレット文化の起源をたどると、大正期から昭和戦前期にかけて各映画館が編集・発行し、観客に無料で配布していた「映画館プログラム」(通称「館プロ」)に突き当たる。映画雑誌と映画館プログラムが、車の両輪のように、戦前期の映画ファンたちの絶好のコレクターズ・アイテムだったことはよく知られている。その背景にあるのは、1920年代から1930年代にかけての、映画興行という産業そのものの発展である。プログラム自体は、各館の上映作品を写真とともに解説し、次週予告を加えるというシンプルなものだが、何よりも注目すべきは表紙画であろう。東京ほか大都市で外国映画を上映する高級劇場のプログラムでは、新たな感覚を持ったアーティストが頻繁に起用され、モダンなデザインを競い合った。だがこのプログラムのモダニズム全盛期は、松竹・東宝による映画館の興行系列化によって各館の特色が失われることで、徐々に収束を迎えてゆく。

そして、戦争の惨禍を経て、復興の槌音とともにパンフレットという新しい形態の冊子が生まれた（戦前期にも、一部の話題作に対して有料のパンフレットが刊行されていたが主流にはなり得なかった）。資材不足という世情の中、劇場それぞれによる紙の調達が難しくなると、旧来のプログラムは徐々に廃れ、専門の出版社が手がける作品ごとの有料の冊子に鞍替えしていった。このパンフレット出版の発達を促したのは、１９４７年以降、一般劇場での公開に先立つ「ロードショー」という特別な上映方式が定着したことである。戦後初のロードショー、『アメリカ交響楽』（同年3月25日公開）には、スバル座で公開された際のパンフレットは画期的であった。ジョージ・ガーシュウィンの名曲「ラプソディ・イン・ブルー」で彩られる名作だが、そのパンフの目次を引用する。

ロード・ショウに就いて……田村幸彦
スタッフ解説

ガーシュインのこと……加須美義
アメリカ交響楽の音楽について……野口久光
アメリカ交響楽の面白さ……淀川長治
ガーシュイン餘談……植草甚一
ガーシュイン年代記……双葉十三郎
アメリカ映画ファンの諸君へ……飯島正
アメリカ映画と衣裳のこと……山本恭子
SCOOP NEWS
主役の3スタアズ
特別出演の音楽家

（ページ数は省略）

外国映画の公開が制限されていた戦中期のうっぷんを晴らすかのように、アメリカ映画を知り尽くした評論家たちが勢ぞろいして、一本の音楽映画をめぐって新たな昂揚感を漂わせている。映画を文字として再構成し、観客に追体験させるためのパンフレットは、この段階ですでに理念的に完成していたといっていい。

私たちはチラシを読んで成長した

ここで確認したいのは、パンフレット文化が基本的には外国映画をめぐる文化であるという点だ。日本の映画産業が黄金期に入る1950年代でも、日本映画については一部の話題作や大作にしかパンフレットは編集されていない。一方で、外国映画については、まず豪華なロードショー版パンフレットが劇場経営者の責任において発行され、一般公開用のものは複数の専門出版社が競い合うように刊行していた。ロードショー版のほか、映画館名が入ったバージョンにも高い価値が認められ、本国で出版されたパンフレットを和訳した「翻訳版」、さらに再上映に際して作られる「リバイバル版」、後年に初公開時のパンフレットを復刻した「リプリント版」が出現するなど、一本の作品に対してバラエティに富んだパンフレットが発行されるようになった。こうして、個人の「映画の思い出」であると同時に、それを超えた収集価値が生じるようになり、パンフレットは一つの市民文化として成熟していった。映画専門ショップが減少した現在においても、インターネット・オークションなどで売買が続けられているのは周知の通りである。

パンフレットは、いわば日本の「国民的映画資料」である。言うまでもないが、その最大の特徴は映画館でしか買うことができないという点だ。それゆえＩＳＢＮコード(国際標準図書番号)がなく、出版界でいう「書籍」には分類できない。例えば『バック・トゥ・ザ・フューチャー』（日本公開1985年）のようなメガヒット作のパンフレットは、隠れたベストセラーであることは確実だが、統計が発表されないため一体何部売れたのかもはっきりしていない。映画紹介サイトの充実した現在では、パンフレット文化にかつてのような盛り上がりはないが、デザイン性を高めるといった努力により、脈々と発行が続けられている。

そして、「本であって本ではない」パンフレットが、ほとんどの図書館で収集対象となっていなかったことも事実である。自分で集めていない限り、二度とお目にかかることのできないものだったのだ。しばしば、パンフレットに収録された文には、その映画の公開時だからこその勢いが込められている。同時代の映画雑誌にも見られない、息せき切った空気さえ時に感じられる。かつて読み捨てられたパンフレットを、いま一度読み返してみることで、その勢いをまた体験できるかも知れない。また、有力な批評家の文章でも、パンフレットに書いたものは単行本に収録されないことも多く、ひょっとすると「幻の批評」に出会えるかも知れない。過ぎ去りし映画が残したこの小冊子が、現在的な価値として活用され、ノスタルジーとはまた別の、興奮にも似た感情を多くの人に呼び覚ましてくれることを願う。

あえて大げさに言えば、1970年代以降の観客である私は、チラシとパンフレットで映画のすべてを学んだのだ。映画を観ることと映画のチラシを読むことのどっちが好きか、と問われると一瞬悩んでしまうほどだ。だが、二回読むことはなくても、映画のパンフレットを買って家に帰ることで、私たちはすくすく育ったのだ。そして私たちは、すでに「地層」としての映画を考えることができる時代を生きている。つい捨ててしまいそうになるそいつらが、もう私たちの生の記憶の、肉体の一部になっている。

映画はなくても映画史は立ち上がる

戦前の浅草六区の写真を見ていると、しばしば驚かされることがある。正月か休日だろうと思うが、黒々とした群衆の群れが、通りを覆い尽くしている。昔の男たちは外出時によく帽子をかぶっている。シルクハットもベレーもハンチングもいて、上からの写真だと本当に黒っぽいのだ。今でも端から端まで歩くと分かるが、六区というストリートは結構長い。そして幅広い。ここまでやってきて、館頭の大きな看板や飾りつけを眺めることも娯楽の一部だったのだろう。この頃、すでに新聞や雑誌の映画広告は存在していたわけだが、事前にスケジュールをぴったり決めて、という観方が浅草のお客さんの多数だったとは思えない。むしろ通りをうろうろと行ったり来たりして、ようやく観る映画を決める人がほとんどだったのではないか。その証拠に、この群衆からは〝流れ〟が感じられない。それは現代の私たちには想像もできなくなった消費への行動だ。とにかく、人はこんなに映画を観ていたのだ。

浅草六区街頭風景　東京国立近代美術館フィルムセンター所蔵

今の六区の閑散とした姿と比べてみるといい。この写真が示すにぎやかさは、現代の私たちにはほとんど幻影の王国にしか見えないはずである。

さて、この道行く人々の欲望を、現在の私たちにいちばんよく伝えてくれるものとは何だろうか。確かに彼らの欲望の対象は、映画館にかかる映画そのものである。しかし、間違えてはいけないが、映画フィルムは私たちの映画に対する愛惜の情そのものではない。では、保存にいちばん値する、映画に向けられた当時の人々のエモーションにいちばん近いものとは何か。ある国で、ある土地で、ある時代にいくつもの映画が作られ、それらをたくさんの人々が観て、笑ったり泣いたりしただろう。やがて彼らは、多くの人間に共有されたそんな精神の動きを、決して忘れまいと考えるようになる。だが忘れないためには、具体的に何をしたらいいのだろう。

消された映画を再建する試み

ただでさえこうして人は物事を忘れてゆくのに、歴史の中では、それをあえて破壊しようとする凄惨な試みが存在したのだ。20世紀においては、いくつもの国で映画史の重要なページが事後的に封印された。それでも、意図的に破壊された一国の映画史というのは、そうあるものではない。２０１２年の東京国際映画祭で、『ゴールデン・スランバーズ』というドキュメンタリー映画に出会った。「黄金のまどろみ」を意味するこの映画は、フランス生まれの

『ゴールデン・スランバーズ』より
特撮映画の名手だったリー・ブン・イム監督

カンボジア系監督ダヴィ・チュウによる、父母の国の映画史再建の試みである。1960年代から1970年代前半にかけて、カンボジアの首都プノンペンは約400もの作品を生んだ映画の都であったという。しかし1975年にポル・ポト率いるクメール・ルージュが政権を握るとただちにほとんどが処分され、亡命できなかった数多くの映画人は退廃芸術家として粛清された。現存するフィルムはおよそ30本と言われる。

当然ながら、ドキュメンタリーの中に引用しようにも、残存する過去の映画は少ない。映画祭では「クメール映画の父」ことティ・リム・クゥン監督が亡命先のカナダに持ち出せた6本の映画のうちいちばん最後、『天女伝説プー・チュク・ソー』(1967年)を観ることができた。ポル・ポト政権が空港を閉鎖する直前に救出したものだという。下界に住まざるを得なくなった天女が若い農夫と結婚、貧しいながらも愛を育むが、好色な地主にいじめられ、ラストでは天上の厳格な父親の手で二人の仲は引き裂かれる。田園風景をバックに、悠然としているがダレたところのない語り、確立したスター・システムの存在に、一時代のカンボジア映画の豊かさがよく見える。

しかし、これは運よく救われた幸福なフィルムであり、ここからカンボジア映画の豊かさを全体的に見極めることは難しい。その代わり『ゴールデン・スランバーズ』には、フィルム以外のあらゆる要素が召還されている。亡命して生き残った往年の監督は、自身がかつて作った映画の演出を口述し、現代のカンボジアの若者たちがその言葉をもとに映像の再現を試みる。また数少ない、貴重なプレス資料やスチル写真の中の女優たちはとても可憐だ。だが『ゴールデン・スランバーズ』は、それだけで満足してしまうドキュメンタリーではない。人にマイクを向けるにも、女優や監督など映画人たちの言葉だけでは足りないとばかりに、映画のロケ地近くに暮らしていただけの住民にも問いかける。すると彼らは、断片的な記憶をつなぎ合わせて在りし日の映画撮影の思い出を語り始めた。作品の主題歌や、ラジオ予告の小さな音源も掘り起こされた。ポル・ポト時代を生き延びたそのくぐもった音は、何やら聖なるものにさえ聞こえてくる。今では雑草の生えているだけのスタジオ跡地、ビリヤード場や住宅になった映画館の建物もまた、堂々たる映画史の証言者として浮き上がってくる。そして恐怖政治の中で4年間口をつぐんできたかつての映画狂たちは、いま、フィルムも関係者も現存しない映画の話に花を咲かせる。こう言っては何だが、この映画ほど、シネフィルという人々が崇高に見えたことはない。当のフィルム以外の、乏しい素材をできる限りかき集めて「私たちの映画」を再建しようとすること。表面的に見れば、これは絶望的な試みと言ってもいい。

だがこの映画の凄みは、「貴重な映画史の記録」にしては画面作りがクールに計算し尽くされていることだ。絶望的な試みが、まるでそう見えないのだ。持っているものは貧しいかも知れない、だがそれでも映画史は立ち上がるという自信があるからだろう。アーカイブを構築するように、映画を作る。消えたものを立ち上がらせると、幻影に見える。だがその果てに、この幻影の連なりこそが《映画》なのだと気づく。そのしたたかな感覚は、映画史が一世紀を超えて初めて成立するものに思われた。

「擬似タイムカプセル」を超えて

ここから、日本の事情へ話題をスライドさせることはいささか大きな飛躍かも知れない。だが、日本でも近年は「私たちの映画」を記憶する試みが急速に広がっている。幸運なことに、日本では記憶の場所は一本の映画ではなく、いくつもの施設である。例えば２０１０年前後には、全国で映画資料館の開館が相次いだ。まず２００９年には、北九州市在住のコレクター松永武氏が所有する映画資料を同市が引き受け、11月、門司市民会館内に「松永文庫」をオープンさせた。その後２０１３年７月には門司の玄関口である「旧大連航路上屋」に拡充移転して機能をさらに充実させている。そして翌月には静岡県浜松市にある「木下惠介記念館」もリニューアル開館されている。２０１０年に入ると、２月には日本映画空前のスター、田中絹代の生地である山口県下関市に下関市立近代先人顕彰館「田中絹代ぶんか館」がオープンし、遺品や資料の展示を通じて大女優の生涯が紹介されている。４月には、ヨーロッパ映画の輸入で一時代を築いた川喜多長政・かしこ夫妻の旧邸敷地に「鎌倉市川喜多映画記念館」が開館し、展示企画を中心に映画の上映や講演会なども行われている。そして９月には、黒澤明監督作品の名優・志村喬の業績を顕彰する「志村喬記念館」が兵庫県の朝来市生野町にオープンした。生野銀山の精錬技師の次男としてこの地に生まれた志村を記念して、市が復元を終えた旧生野鉱山の職員宿舎が活用されている。

こうした「映画の記念館」が今増えているのは、日本映画という大きな主題体系が、発明から百余年という年月を経て、そろそろ具体的な「記憶の場所」を求めていることの現れだろう。だが、本当に実効的な「記憶の場所」となるために必要な態度とは何だろうか。それは恐らく、ある時代の日本映画を「郷愁」や「レトロ」といった言葉に押し込めてしまわないことだろう。それぞれの地元出身の映画人を顕彰することで、過去の日本映画への郷愁を強調し、それを観光の振興に結びつける例は確かに多い。そのこと自体は、自然な流れかも知れない。だが、その先の風景を考えた時、一つの不安が頭をもたげてくる。「郷愁」や「レトロ」は、やがて息切れしてしまうのではないか。どの時代に何を「レトロ」と見なすか、その視線を作る人々の共通認識は、現在の私たちが考えるよりずっとはかない。だから私たちが、本格的に「記憶の場所」を建設するとすれば、それは、私たちが乗車する心地よい擬似タイムカプセルではなく、過去の方が私たちの目の前に忽然と現れるような何かでなければならない。

そこには具体的なドキュメントが、人の声が、建造物の記憶が、用意されていなければならない。北九州の「松永文庫」の所蔵コレクションで特に大きな価値を感じるのは、戦前期に地元の劇場がそれぞれ発行していた週刊の映画館プログラムであり、地元の興行主が保存していた資料である。この小さくて薄っぺらな映画館プログラムは、どの地域においてもローカルな映画史の姿を教えてくれる最高のドキュメントである。地方の「館プロ」は東京ではまず入手が困難であり、また活用の面でも、その地域にあってこそ生きてくる資料だ。「過去」を「現在」として、すぐに眼前に引き出せること。それに名前をつけたものを私たちは「アーカイブ」と呼ぶのではないか。だから、「アーカイブ」はむしろ「レトロ」とは逆のベクトルを持つ概念だと感じる。

浅草六区の写真を思い出してみる。そこにあるのは、もはや感傷ではあり得ない。その時代を覚えている人がいなくなっても、繰り返しそれぞれの時代の人間の前に現れてくれるのが「アーカイブ」の機能だ。ロラン・バルトはその写真論「明るい部屋」の中で、写真のことを「歌」だと言った。あの写真も、この世に存在する限り、浅草の雑踏という昭和初期のにぎやかな歌を繰り返し、正確に歌ってくれる。そして『ゴールデン・スランバーズ』をもう一度思い出してみる。あの映画が示してくれたのも、「レトロ」という態度さえ許されなかった人間たちの、冷静で倫理的な感覚だった。死と破壊の日々から三十余年、彼らにはもはや誰かの記念館を作る素材などありはしない。それでも、映画の不在から生まれた一本の映画が、彼らの小さな、しかしできる限りの努力から生まれたアーカイブたり得ている。

映画アーカイブの世界では、フィルム以外のあらゆる所蔵品を《ノンフィルム資料》と総称する。映画ではないからノンフィルム、と聞くと何やら「その他大勢」のように思われるかも知れない。だが、《ノンフィルム資料》こそ映画保存のもう一つの最前線である。なぜなら、こうして世界のそこかしこで、映画という記憶のモードを支える新しい世代が生まれつつあるからだ。

3D映画、敗北の歴史

地方の観光施設や特定のテーマを持つ博物館に入ってみると、ときどき「立体映画」と書かれた看板に出くわすことがある。ホールの入口で灰色の眼鏡を与えられて座席につき、やや浮き立った気分でホールの暗転を待つ。観光センターだったりすると、地元の名勝や名産品、年中行事が紹介されるのが定番だ。にこやかな少女は果物かごを必ず前方に差し出すし、秋祭りの神輿は不自然にこちらに突き出される。スポーツセンターでは、テニスボールは例外なく画面に向かって飛んでくる。鳴門海峡に面する映像ホールに行った時は、あの渦潮さえ立体的に渦巻いていた。これなどはなかなか大変な撮影だったろう。このような「郷土に根ざした出っぱり映像」は、いつも観衆の心に微笑みと、一抹の寂しさをもたらしてくれる。この寂しさが、『アバター』(2009年)登場以前の3D映画の風景だったことを、もう一度思い出してみるべきだろう。

2007年の4月、私の勤める東京国立近代美術館フィルムセンターは、30数か国から150人以上を集める大規模な国際会議を運営した。映画のフィルムや資料を保存する諸機関が加盟している国際フィルム・アーカイブ連盟（FIAF）の第63回会議が、初めて東京で開催されたのである。メインとなる2日間のシンポジウムでは、映画技術史の上で短命に終わりつつも、文化史的には多様な意義をはらむ数々のフィルム規格について発表が行われ、手前味噌ながら全体としても極めて内容の濃い会議となった。朝の9時から遅い日は22時半までぎっちりとスケジュールが組まれ、映画遺産を〝守る〟ことがいかにアクティブな実践であるかを示す各国の同志たちの果てなき思考の深みに、スタッフとして自らどっぷり漬かることができたのは幸せだった。

映画技術の「冷戦」

さて、期間中の数々の行事の中でも独特の感慨を与えてくれたのが、一日の最後を飾る「レイトショー」、ミュンヘン映画博物館のシュテファン・ドレスラー氏による「3D（立体）映画に関する講演と上映」であった。もともとフィルムセンターには3D映画のノウハウなどはなかったから、実現には多くの技術者の協力を要した。予め記しておくが、3D映画は決して「短命」なフォーマットではない。2007年の段階でも、アイマックス3D、展示館映像といった形で多くのスクリーンを飾っていたし、フィルムに代わってデジタル撮影の進化によって劇場向けの長篇3D映画が再び息を吹き返し、ブームを迎えたことは衆知の通りである。だが誰もが知る通り、3D映画が通常の二次元映画を凌駕する、長期間のポピュラリティを勝ち得たことはこれまでにない。

眼鏡をかけてください、の一言に続いて、ドレスラー氏自身が93分15秒にまとめたソフトが上映され、レクチャーは始まった。最初は、原理の説明である。赤と青の眼鏡をかけるアナグリフ方式と灰色の偏光眼鏡を使う偏光方式の長所と短所が述べられると、そのうちルイ・リュミエールの写真が現れた。シネマトグラフの発明から途方もない年月を経たことになろう1930年代の中頃、リュミエールは3D映画でもう一旗あげようとしていたのだ。なんと、かの〝列車の到着〟や、食事シーンではないが母親にあやされる赤ん坊を立体的にもう一度撮り直している。軸をずらした二つのキャメラで同じものを撮るのが立体撮影の基本だが、この方式では一本のフィルム中に二列の横向きの映像を収め、2台の色フィルター付き映写機で投影されたものをアナグリフ眼鏡で立体視する。ダンス・シーンをからめた中篇を製作してはみたが、結局リュミエールは、同時に2台の映写機を要するその方式の実用化を諦め、映画界への復活はならなかった。

そんな中で1941年、専用の眼鏡を要しない「ステレオキノ」の開発は、スターリン時代のソ連を一躍「3D映画の祖国」にしてしまう。専門の劇場も建設され、定期的に立体作品が製作されるようになったが、例えばこの講演で抜粋されていた『ロビンソン・クルーソー』(1947年)は、原住民の射る矢や野生動物の動きに強調される〝出っ張り〟が確かにストーリーテリングに溶け合っていた。

そしてアメリカは、この分野にもっとも盛んに投資が行われた国であろう。1952年、ハリウッドに3D映画ブームが訪れるや、各社はこぞって立体作品の製作に取りかかったが、どこもやがてスクリーンの大型化に技術力を集中させることに決定、ここに3D映画の没落がはっきりした。アルフレッド・ヒッチコックの『ダイヤルMを廻せ』(1954年)も、3D映画として撮影されながら、ブームの下火を察知したワーナー・ブラザーズによって一般の映画として封切られてしまう。その後も、70ミリフィルムの採用など、観客をつなぎとめるための必死の技術的努力は続けられる。1960年代以降に実用化された「ステレオヴィジョン70」などの方式の主な用途は、もはやB級のSF映画と成人映画が大半だ。手を伸ばせば届くような女性の素足を眺めながら、このあっけない通俗化に涙せずにはいられなかった。

人類は、数センチ離れた二つの眼を有している。そのことから、両眼に見えているものの微妙な違いを映画に再現しようと、幾多の人間たちが巨大な期待をかけてきた。われわれの世界と同じ視界を持つ次世代の映画、というこの上ない売り文句を謳いながら、ドラマやモンタージュよりも〝出っ張る〟という行為が優先されたばかりに、「未来の映画」たる権利を半永久的に失い続けているハイ・テクノロジー。時代ごとに、熱意ある人間が取り組んでは挫折し、大きな勝利を収めた人物などどこにも見当たらない。自由市場を拒絶したソ連だからこそ他国よりは命脈が保たれたものの、１９９０年代前半にはロシアの70ミリシステム「ステレオキノ70」も終焉を迎える。大型スペクタクルとしての３Ｄ映画は、ソ連の解体とともに去ってゆく。核兵器や宇宙開発には並びようもないが、３Ｄ映画もまた冷戦の産物だったのである。

ハードウェアの華々しさとそこで生み出されるソフトの哀しさ、その落差こそがこの映画の運命なのだろうか。いや、21世紀の３Ｄリバイバルは、その哀しさを力強く克服したのかも知れない。だがこれを生涯の研究テーマの一つとするドレスラー氏の発表は、その深みある研究を幅広く伝達しながら、この分野が逃れられない〝愁い〟にまで触れるものだった。私たちの眼が二つあるばっかりに、とまったく無駄なことを考えながら、眼鏡を外した。

シネマテークの淫靡さをめぐって

対談 **蓮實重彦**

四半世紀以上も前、確かにこの方の講義を聞いていた。だが時は経ち、映画をめぐる数え切れないほどの言葉を吸収しているうちに、そこから随分遠くへ来てしまった気がする。アーカイブは映画を選別しないが、批評は映画を避けがたく選別する。もちろん、どちらの言い分も正しい。その二つの間にいったいどんな関係が結べるのだろうか。

蓮實重彦　1936（昭和11）年東京生まれ。東京大学文学部仏文学科卒業。教養学部教授を経て1993年から1995年まで教養学部長。1995年から1997年まで副学長を歴任。1997年から2001年まで第26代総長。主な著書に、『反＝日本語論』（1977 読売文学賞受賞）『凡庸な芸術家の肖像 マクシム・デュ・カン論』（1989 芸術選奨文部大臣賞受賞）『監督 小津安二郎』（1983 仏訳 映画書翻訳最高賞）『陥没地帯』（1986）『オペラ・オペラシオネル』（1994）『「赤」の誘惑―フィクション論序説―』（2007）『随想』（2010）『「ボヴァリー夫人」論』（2014）『伯爵夫人』（2016 三島賞受賞）など多数。1999年、芸術文化コマンドゥール勲章受章。

シネマテークと特集上映の是非

岡田　これまで、フィルムセンターの特集上映の中で印象に残っている企画はありますか。

蓮實　やはり、ジョン・フォード特集(1983年)の『周遊する蒸気船』の上映後に初めて淀川長治さんにお会いしたとか、そういう記憶はあります。それから、小津(安二郎)は二度やっていますよね。

岡田　生誕百年(2003年)の特集を合わせると三度ですね。まず1976年に最初の特集があって……。

蓮實　80年代にもっと大々的なものが行われている(1981年)。私は76年の特集が非常に印象に残っています。

岡田　それは、その時ご覧になった方々の間で何か再発見があったということでしょうか。

蓮實　それはあまりなかったと思います。大々的だった二度目の特集の方が圧倒的に観客が若かったのですが、76年の方はごく普通に小津映画を見ていた方が来ておられた印象がありました。

岡田　ジョン・フォード特集については聞いた話でしか知らないのですが、初期の無声映画も含めて伝説的なラインアップでしたね。そういうシネマテークあるいは映画アーカイブと呼ばれる場所の、劇場上映に対する特権的な性格は感じられますか。

蓮實　パリのシネマテーク・フランセーズは長いこと、特権なしにあらゆるものを上映してしまうという感じでした。特集でない上映形式がずいぶん続いていて、それに非常に親しみを感じていました。特集というのは、覚悟を決めないと見に行けないじゃないですか。全部なんてとても見られないわけですし。ですから私は、特集は必要だけれども、それをしなければシネマテークは存在しないわけではないと思います。

岡田　現在のシネマテーク・フランセーズの上映はすべて特集になっていて、いろいろな映画をバラバラに流すことをほとんどしなくなりました。しかしむしろ、そちらの方に価値を感じているわけですね。

蓮實　それこそ「なぜこんな映画をやっているのか分からない」というものまで見せていましたから。

岡田　映画アーカイブでの、レパートリー上映とか、特集ではない上映の大切さというのはどこか忘れられている気がします。次に何が来るか分からない、「どうして今日のプログラムはこれとこれなんだろう」という上映は……。

蓮實　なぜこの映画がここでかかるのか、誰にも理由が説明できない選択ですよね（笑）。シ

ネマテーク・フランセーズの創立者・館長アンリ・ラングロワの偉さはやっぱりそれだと思いました。

岡田 製作国も監督もジャンルも、すべてバラバラなのですよね。

蓮實 そうです。だからシネマテークで上映をする場合、誰かに白紙委任をして、その人の選んだ映画だけを見せるというのもあり得ると思うんです。例えば、ペドロ・コスタ監督の選定した10本とかね。そうすると、同じ作家のものはたぶん出てこないから。そういうのが面白いと思いますね。

岡田 フィルムセンターも数年間、白紙委任の上映（「カルト・ブランシュ」）を試みたことがあります。

シネマテーク・フランセーズ――ラングロワの時代

岡田 先生がフランスに留学されていたのは1962年から1965年までですね。シネマテークがちょうどユルム街からシャイヨー宮に移った頃でしょう（註：ユルム街での上映は1955年から1975年、シャイヨー宮は1963年から1997年）。

蓮實 その後もユルム街では上映をしていましたけれど

も、シャイヨーはもうできていましたね。

岡田　私はかろうじてシャイヨーは知っていますが、若きヌーヴェルヴァーグの連中も通っていたというユルム街のシネマテークはどんな雰囲気でしたか。

蓮實　小さな建物に入ると地下に降りてゆくのですが、そこにあるのは無政府主義的な空間でした。並んでいても、誰がどのような列を作っているのか分からなくなって、最後には残った切符をポンと投げて、それをみんなが奪い合って入場していましたね（笑）。僕もフィリップ・ガレルの『処女の寝台』（1969年）を見に行った時、うまく拾って入っちゃったことがあります。

岡田　それは、映画狂たちの熱気だけが充満した、制度化される前のシネマテークということでしょうか。そんな中で、学業のかたわら相当通われていたのでしょうか。

蓮實　いいえ、むしろ私は、いま上映されている映画を見なければダメだと思っていたので、封切り中心主義でした。

岡田　それでも多少はシネマテークに行かれたのでしょうか。

蓮實　そうです。あそこでしか見られない映画もありましたから。それからシネマテークの良いところは、映画館にはない、ある種の淫靡さがあることです。

岡田　確かにいまのシネマコンプレックスは快適ですが、そういう淫靡さを排除した上に成り立っていますね。しかし東京でもパリでも、シネマテークはいまだ淫靡さを保っているとお考えですか。

蓮實　若干はあると思います(笑)。

岡田　それは、シネマテークが守るべき最後の価値かも知れませんね。シネマテークで映画を見ることにはそこはかとない寂しさもあって……。上映が終わって独りトボトボと帰る感じとか(笑)。

蓮實　期待したほど面白くなかったものをシャイヨー宮で見て、「ああ、バカだな。こんな遠くまで来ないで、論文のために日本館（パリ国際大学都市の日本人留学生寮）で勉強していればよかったのに」と思いながら、トボトボと駅まで向かうというようなね（笑）。その徒労感もありました。

岡田　淫靡なところに入って、出てきて、徒労を感じながら家路に就く……。

蓮實　そして、ゴットンゴットンうるさい地下鉄に結構長く乗らないといけない(笑)。

岡田　大学都市はパリの最南端ですからね。シャイヨー宮のシネマテークは文化大臣アンドレ・マルローのおかげで賑やかに開館したと聞いていますが、当時はどんな印象を持ちましたか？

蓮實　僕は、シャイヨーはついに好きになれませんでした。劇場の雰囲気も、椅子の並びも……そして、巨大だけれどもスクリーンのサイズが決定できない形になっていたじゃないですか。特にあれが好きになれなかった。

岡田　バリアブル・マスクで適切にスクリーンの四辺を切って上映すべきという意味ですね。各国のシネマテークを訪問していると、国によってはマスクを作らないところもあれば、厳格に画面を区切っているところもありますね。特にフランスは、見せられるところは全部見せた方がよいという考え方が強くて、戸惑うこともあります。ところで、アンリ・ラングロワや伴侶のメリー・メールソンには会われたことはありますか。

蓮實　会ったことはあります。吉田喜重さんの作品がシネマテークで上映された時に、通訳をしました(1971年)。その後に吉田さんと一緒に食事に誘われたのですが……ラングロワが上映の売上金をそのままポケットに詰め込んで(笑)、行こうって言ってね。確か、ピエール・カルダンが経営していた「エスパス・カルダン」というところのレストランで、カルダン、吉田喜重、メールソン、ラングロワという食事でしたよ。

岡田　ラングロワはやはり、見たばかりの映画についてどっと語るという感じでしたか？

蓮實　その時は、映画の話は一切なし（笑）。ピエール・カルダンが、いかにして最初にイタリアから靴をフランスに密輸したかとか、そんな話ばかりでした。それから1972年だと思いますが、確かラオール・ウォルシュが来た時に、上映前にラングロワが何かしゃべった気がするけれども、全然覚えていない。さんざんラングロワがウォルシュを持ち上げたのですが、ウォルシュは何も言わず、腰からピストルを引き抜く身ぶりをしながら、手で「バンバンバンバン」と客席の全員を撃っただけでした（笑）。私は、会場前で待ち伏せをして、彼の写真を撮ったりしていたのですが、それがハリウッドの巨匠と言葉を交わした唯一の機会でした。

批評とアーカイブの関係

岡田 批評をお書きになる立場からは、フィルム・アーカイブあるいはシネマテークはどのように役立つのか、あるいは役立たないのでしょうか。

蓮實 例えば絶対にDVDでは手に入らないものをやっていただければ……それこそそこないだの『香も高きケンタッキー』（1925年、ジョン・フォード監督。2015年の特集「MoMA ニューヨーク近代美術館 映画コレクション」にて上映）のように、フォード特集以来の遭遇というれしさは明らかにあります。それから、これは大学の講義でもたぶん言ったはずですが、「ある一人の作家の映画を全部見てください」と。とにかく、誰でも良いから一人の作家のものを一応全部見てみる必要がある。その時にやはりアーカイブは役立ちます。ただこれは、アトランダムであることが重要です。例えば、知らない間に加藤泰の映画をいくつも見ていて、「ああ、自分はほとんど見てしまった」と思う。それで、でも一つ欠けていたからアーカイブの上映に駆けつけるとかね。小津にしてもそうで、僕は小津をずっと見続けていて、時々アーカイブにも行きながら、ある時「これで小津は、現存するプリントは全部見ちゃったんだな」と気づく。こういったことは、批評を書くためだけではなく、映画と向かい合う上で非常に重要なことだと思う。そして、アーカイブがあればそういうことはますます容易くなる。

岡田　小津安二郎について言えば、ある時期まで小津作品は戦後のものばかりが中心的に論じられていて、無声映画など初期の仕事はあまり言及されていませんでした。それが、ご著書「監督 小津安二郎」（1983年）あたりでようやく『非常線の女』（1933年）とか、後期作品とは全然違うタイプのものも、すべて小津の本質的な仕事なのだと言えるようになった。その意味では、アーカイブとして特集上映を開催する意味はやはりあるでしょう。

蓮實　本当にそう思いますね。

岡田　小津というのはホームドラマであって、低いキャメラポジションであって……といった紋切型だけが通用していて、むしろ戦前のアメリカナイズされた作品が例外にされるようなところがあった。

蓮實　『非常線の女』にしても『その夜の妻』（1930年）にしても、「間違いなく小津の一本だ」と言い切れるのはうれしいですよね。『その夜の妻』は傑作中の傑作だと思います。あ

んな緊密な時間構成は……。幸いなことに、ゴダールはまだ『その夜の妻』を見てないと思う。ゴダールがあれを見たら自殺しちゃいますよ（笑）。「俺のやったことは全部30年前にやられていた」わけですから……。

国家・映画産業・アーカイブ

岡田　抽象的な質問ですが、今後のフィルム・アーカイブが進むべき方向についてどうお考えですか。

蓮實　そんなことは分かりません（笑）。ただどの国でもそうだと思いますが、国家の援助がなければ成立しないはずの組織です。だから結局は、自国の文化としてどの程度映画を収集、保存するかだけれども……するとそれは自分の国だけの狭い話になってしまいます。ですから、仮に日本映画が全部収蔵される日が来るとしたら、その役目はもう終わってしまいます。ところが、ポルトガルなどは自国の映画が少ないから、アーカイブはすでにほとんど全作品を持っているわけです。

岡田　国にわりと余裕があって映画の数が少ない場合は、

そういうことが起こり得ます。北欧の国々もかなりそれに近いです。一方で、日本はそもそも映画があまりに多すぎるという(笑)。

蓮實　それでいうと、いま中国はどうなっているのですか？　僕が面白がって付き合っていた、フランス語の話せるアーカイブの館長がいたのですが、もう辞めたんですよね。

岡田　中国電影資料館の陳景亮（チェン・ジンリャン）元館長ですね。私が言うのもなんですが、物静かながら深い見識を持っていらっしゃる方でした。彼がいたからこそ、戦前の上海映画の名作をフィルムセンターが収蔵するような事業も進んだのだと思います。

蓮實　あと最近は、韓国が力を入れている。

岡田　はい。金大中大統領の時代から、新作の製作や海外プロモーションだけじゃなくて、アーカイブもずいぶん充実させました。新しい移転先に２００８年に行ったのですが、映画博物館もしっかりしていましたね。

蓮實　韓国は、自分たちの優れた作品を国外に売り込む態勢がしっかりしていると思います。そしてようやく、近作だけじゃなくて旧作を見せることも一つの力になることに気づいたから、60年代の映画のＤＶＤを出している。そして幸いなことに、われわれが知らなかった重要な人たちがたくさんいたことを発見できました。

岡田　かつての韓国映画は、ごく一部の専門家を除いて、日本では誰も知らなかったわけです。だからフィルムセンターも「韓国映画―栄光の１９６０年代」（２００２年）や「韓国リアリズ

ム映画の開拓者 兪賢穆監督特集」（２００５年）を行う意義がありました。だから彼らがいま旧作のＤＶＤを制作しているのは、私たちが考える以上に彼らの誇りになっているはずです。守るべきフィルムの総体が日本ほど大きくないという事情もありますが、むしろそういう事業に力を入れているのは日本と対照的です。「プロダクション」は近年のフィルム・アーカイブのキーワードの一つですが、「作るフィルム・アーカイブ」の好例ですね。

蓮實 韓国は、映画祭も、いろいろ問題はあったにしても充実しているじゃないですか。だから、映画行政に関しては日本と韓国は比較になりません。

映画に国籍は必要か

蓮實 映画が国籍を持つということについてはどうお考えですか？

岡田 一般的に言えば、一つの国の映画産業を背負った記号として便宜的な意義はあるかと思います。ただ、国籍自体が映画にとって本質的なものかどうかは分かりませんね。

蓮實 そうなんですよ。すると「日本映画」と言うのもおかしくなってくるでしょう？ 確かに『その夜の妻』は日本の映画ですけれど（笑）、これを「日本映画」に閉じ込めてしまって良いのかという問題がある。それから、例えばジャン・ルノワールの『十字路の夜』（１９３２年）なんて間違いなくフランスの映画だけど、「フランス映画」とは違うでしょう。

岡田 フランス映画の伝統には、あんなに黒々と謎めいた映画はないですよね。

蓮實　ですから、いわゆる日活の「無国籍映画」というジャンルとは違う形での、映画の無国籍性というものがあると思うのです。それをどう捉えるかもアーカイブの仕事ではないかと……。小津は確かに日本映画だけれども、日本映画ではない。それから、ボリス・バルネットのある種の映画……。

岡田　つまり『帽子箱を持った少女』(1927年)を「ソビエト映画」と呼ぶことに何の意味があるのかということですね。でも、シネマテークは、例えばインド映画特集だのキューバ映画特集だの、つい映画を国別に分けてしまいます。まあ、実務ではそういう枠組みを無視はできないのですが、それでも、そういう境界を無化する何かが必要なはずですね。それは、例えば「普遍性」と呼んだらいいのでしょうか。

蓮實　「普遍」というか……あるいは脱国籍性といったようなものが、映画にはあるような気がする。『Seventh Code(セブンスコード)』(2014年)なんて、確かに黒沢清が撮った日本映画に違いないのだけど(笑)、それを「日本映画」と呼んで何の意味があるのか。グル・ダットの『渇き』(1957年)だって「インド映画」と呼んでどうなるのか。

岡田　一方で、国籍性を強く感じさせる映画大国もあります。例えば、イタリア映画はそうじゃないでしょうか。「戦後イタリア映画」としか呼びようがないひとかたまりの映画群を感じる、そういう国もあります。

蓮實　そうそう。だから映画における国籍とは、決して難しい話ではないのに、解明しようと思うと実に厄介なことになる。だから日本のフィルム・アーカイブは日本映画を収集して保存する……そう考えれば当然小津はそれに当たるのだけれど、いざ上映してみると、これが本当に日本映画なのかという事態に直面せざるを得ない。

岡田　いっそ（ハワード・）ホークスなども、もはや「アメリカ映画」ではないのかも知れません。作った国名で縛って物事を解決したがるのは、映画産業も映画祭もフィルム・アーカイブも同じですよね。でも、どこかそれを突破する視点が求められるのかも知れません。

蓮實　そういう視点を期待しています。よろしくお願いします（笑）。

撮影：八島崇

初出

第1章　なぜ映画を守るのか

すべての映画は平等である　書き下ろし

「映画を守ろう」と言ったのは誰？　書き下ろし

日本では映画は保存しないようです、とアラン・レネは言った　書き下ろし

映画が危険物だったころ

「マテリアルライフ学会誌」Vol.16, No.2（2004年）論文「ナイトレート・フィルムの保存」を全面的に改稿

地域映像アーカイブの可能性　「朝日新聞」名古屋版2006年1月11日朝刊

映画は牛からできている　「未来」2007年3月号「草を食む映画」を改稿

映画館を知らない映画たち　メールマガジン「neoneo」1～4号「アーカイヴ上映の現場から」（2003年）を改稿

第2章　フィルム・アーカイブの眼

映画は密航する　書き下ろし

映画は二度生まれる　書き下ろし

観たことのない映画に惚れた話　「未来」2006年10月号「未見の映画に惚れること」を改稿

いまなぜ映画館が必要なのか　「未来」2006年12月号「他人と一緒に見る夢」を改稿

ジョナス・メカスの映画保存所に行った
「NFCニューズレター」66号(2006年)掲載「アンソロジー・フィルム・アーカイヴス——ジョナス・メカスの映画保存所」を改稿

寝た映画を起こそう　「未来」2006年11月号「映画史が足りない」を改稿

映画を分かち合うために　「未来」2007年2月号「映画の解放区を探して」を改稿

第3章　映画保存の周辺

小さな画面、大きな画面
『d/SIGN』14号(2007年)掲載「小は大を兼ねよ？　80年代極私的シネフィリー生成論」を改稿

ある映画館の100年——ノスタルジーを超えて　書き下ろし

我らが「紙の映画」——チラシとパンフレット礼讃
前半は書き下ろし、後半は「NFCニューズレター」第97号(2011年6〜7月号)掲載「来た、見た、買った——映画パンフレット小論」を大幅に改稿

映画はなくても映画史は立ち上がる　書き下ろし

3D映画、敗北の歴史　「未来」2007年6月号「立体映画、敗北の歴史」を改稿

あとがき

ひとつの「専門」を持つことが苦手だ。一応映画研究者とも名乗っているので「ご専門は何ですか」と尋ねられたりもするが、今でもその問いにはっきり答えることができない。一応、「映画史」とか「映画アーカイビング」とかごにょごにょ口にしてみるが、いつも歯切れは悪い。現にこの本も、フィルム・アーカイブの仕事を総合的に解説する教科書のようなものではない。それを学びたくて本書を手にした方は、肩すかしの印象を持つだろう。かといって、映画の本でこれほど俳優や監督や映画の題名が出てこない本も少ないのではないか。では、この本は一体何のためにあるのだろう？

世界にはこんなに変わったフィルムもあれば、こんなかっこいい映画ポスターもある。こんな奇天烈な製作会社もあったし、こんなに洒落た映画書もあった。そういうエピソードたちの、脈絡のない集積が好きだ。いつでも、複数の別々のことを同時に受け取っていたい。しかも、ものを考えること以上に、人がものを考えるための材料のことを考えるのが好きだ。例えば、職場の図書室に未収蔵の冴えた文献を加えられることが、まるで自分のことのように嬉しい。こうなると、心の優先順位として、作品を論じることなどもう二の次になる。

フィルム・アーカイブは、そんな私のわがままを容れてくれる稀有な場所だ。だから、本書はそういう場所から見える《映画》の風景をとめどもなく記した、やっぱりわがままな一冊になった。どんな人が関心を持ってくれるのか、書き終えた今もまだ分からない。ただ「映画保存は大切なんです」と拳を振り上げる本にだけはしたくなかった。まあ、それだけは実現できているのではないだろうか。

本文にも書いたが、映画はどれも人間の作ったものだけれども、いまや映画たちだけで手を取り合って、ひとつの夢想国を作っているのだと思う。そこはもう人知の及ばない領域だから、人間が勝手に入っていいはずはない。そこでは彼らの方が人間よりずっと偉い。僕らにせいぜいできることは、ひとつひとつの映画に対する福祉を考え、それを実行に移すことだけである。それだけで充分にスリリングなことなのだ、と今ならば言える。映画は、私たちの通俗を、通俗のまま美にしてくれる表現法なのだから、いつまでも仲良くしていたいと思う。これからもどうぞよろしく。

この風変わりな映画の本が世に出るには、実はそれなりに長い時間がかかった。まずは本書を的確にフィニッシュに導いてくださった立東舎の山口一光さんに御礼を申し上げたい。そして、そこまでの紆余曲折に付き合ってくださった編集者の佐野亨氏と濱田高志氏、そもそも最初にＰＲ誌「未来」に連載の機会を作ってくれた中村大吾氏、対談に応じてくださった蓮實重彥先生と映画保存協会の石原香絵氏、中途半端な映画好きでしかなかった私を育て、見守ってくれた東京国立近代美術館フィルムセンターの諸先輩と同僚たち、各地で着実に日々の仕事をこなしている映画アーキビストの皆さん、そして、わがままな私を支えてくれた家族に、感謝の念を捧げたい。今日も映画は私の、貴方の、みんなの小さな庭に降りてきています。

岡田秀則

２０１６年８月15日

岡田秀則（おかだ ひでのり）
1968年愛知県生まれ。東京国立近代美術館フィルムセンター主任研究員として、映画のフィルム／関連マテリアルの収集・保存や、上映企画の運営、映画教育などに携わり、2007年からは映画展覧会のキュレーションを担当。また、学術書から一般書まで内外の映画史を踏まえたさまざまな論考、エッセイを発表している。共著に『映画と「大東亜共栄圏」』（森話社、2004年）、『ドキュメンタリー映画は語る』（未來社、2006年）、『甦る相米慎二』（インスクリプト、2011年）、『岩波映画の1億フレーム』（東京大学出版会、2012年）、『クリス・マルケル 遊動と闘争のシネアスト』（森話社、2014年）など。

映画という《物体X》 フィルム・アーカイブの眼で見た映画

2016年9月23日　第1版1刷発行
2025年4月10日　第1版2刷発行

著者：岡田秀則
デザイン：村松道代（TwoThree）

発行人：松本大輔
編集人：橋本修一
編集担当：山口一光

印刷・製本：株式会社ウイル・コーポレーション

発行所：立東舎　rittorsha.jp

発売：株式会社リットーミュージック
〒101-0051 東京都千代田区神田神保町一丁目105番地　www.rittor-music.co.jp/

【本書の内容に関するお問い合わせ先】
info@rittor-music.co.jp

本書の内容に関するご質問は、Eメールのみでお受けしております。お送りいただくメールの件名に「映画という《物体X》」と記載してお送りください。ご質問の内容によりましては、しばらく時間をいただくことがございます。なお、電話やFAX、郵便でのご質問、本書記載内容の範囲を超えるご質問につきましてはお答えできませんので、あらかじめご了承ください。

Printed in Japan　ISBN978-4-8456-2863-6